Olga Grjasnowa

Die Macht der Mehrsprachigkeit

Zum Buch

Mehrsprachigkeit ist, wie die Schriftstellerin Olga Grjasnowa zeigt, ein Phänomen mit erstaunlich vielen Facetten. Oft gilt sie nur als Kennzeichen guter oder gar elitärer Bildung, dabei ist sie für immer mehr Menschen und Familien hierzulande eine Selbstverständlichkeit. In jedem Fall handelt es sich um eine Fähigkeit, die etwas über die individuellen Biografien wie auch über die sich wandelnde Gesellschaft insgesamt erzählt. Wie ist es, zwischen zwei oder sogar drei Sprachen hin und her wechseln zu können? Warum wird Französisch als Zweitsprache mehr geachtet als Türkisch? Sollte Mehrsprachigkeit nicht generell viel mehr Wertschätzung erfahren und gezielt gefördert werden? Und sorgen die immer leistungsstärkeren Übersetzungsapps und Englisch als die neue Lingua franca womöglich dafür, dass wir uns jeweils mit nur noch einer Sprache begnügen? Grjasnowas faszinierender Text ist Ausdruck ihrer Überzeugung, dass Sprache und Identität eng zusammenhängen – und dass jede Sprache einen ganz eigenen Zugang zur Welt eröffnet.

Die Autorin

Olga Grjasnowa, geboren 1984 in Baku, Aserbaidschan, hat bislang vier Romane veröffentlicht. Für ihr viel beachtetes Debüt *Der Russe ist einer, der Birken liebt* (2012) wurde sie mit dem Klaus-Michael Kühne-Preis und dem Anna Seghers-Preis ausgezeichnet. Zuletzt erschien von ihr der Roman *Der verlorene Sohn* (2020). Olga Grjasnowa ist Mitglied des Goethe-Instituts. Sie lebt mit ihrer Familie in Berlin.

Olga Grjasnowa

Die Macht der Mehrsprachigkeit

Über Herkunft und Vielfalt

Dudenverlag
Berlin

© Duden 2021   D C B
Bibliographisches Institut GmbH, Mecklenburgische Straße 53, 14197 Berlin

Redaktion Dr. Ludger Ikas
Herstellung Alfred Trinnes
Layout und Umschlaggestaltung Schimmelpenninck.Gestaltung, Berlin
Satz L101 Mediengestaltung, Fürstenwalde
Druck und Bindung CPI books GmbH
Birkstraße 10, 25917 Leck
Printed in Germany

ISBN 978-3-411-75658-2
Auch als E-Book erhältlich unter: ISBN 978-3-411-91341-1
www.duden.de

Und der HERR sprach: Siehe, es ist einerlei Volk und einerlei Sprache unter ihnen allen, und haben das angefangen zu tun; sie werden nicht ablassen von allem, was sie sich vorgenommen haben zu tun. Wohlauf, laßt uns herniederfahren und ihre Sprache daselbst verwirren, daß keiner des andern Sprache verstehe!

Also zerstreute sie der HERR von dort alle Länder, daß sie mußten aufhören die Stadt zu bauen. Daher heißt ihr Name Babel, daß der HERR daselbst verwirrt hatte aller Länder Sprache und sie zerstreut von dort in alle Länder.

1. Mose 11, 6–9

Sprachenwechsel und Migration haben in meiner Familie in jeder Generation stattgefunden, wenn auch die Migration nicht immer freiwillig war. Meine Großmutter mütterlicherseits floh vor der Schoah, fast ihre gesamte Familie wurde von den Deutschen ermordet, und schon die Generationen vor ihr waren vor antisemitischen Pogromen im Ansiedlungsrayon des Russischen Kaiserreiches geflohen. Die Muttersprache meiner Großmutter war Jiddisch, sie sprach zudem Russisch, und nach ihrer Flucht von Weißrussland nach Aserbaidschan lernte sie Azeri, wenn auch nicht sehr gut. Die Herkunft der Familie meines Vaters wurde verschleiert, irgendwo aus der Wolga-Ebene kamen sie nach Baku – wie so viele andere in der Zeit des Erdölbooms.

Meine Mutter und mein Vater wurden in eine mehrsprachige Gesellschaft hineingeboren, sprachen jedoch überwiegend Russisch und nur bescheiden Aserbaidschanisch. Auch die Partner ihrer Geschwister, meine angeheirateten Onkel und Tanten, stammten alle aus bilingualen Familien und waren mit Russisch, Aserbaidschanisch, Persisch oder Polnisch aufgewachsen. Dieser Umstand galt in Baku als völlig normal und wurde nicht verhandelt. Baku war zu der Zeit eine multikulturelle Stadt: Auf den Straßen hörte man Russisch, Aserbaidschanisch, Georgisch, Armenisch, Persisch, Griechisch und viele andere Sprachen.

Die Muttersprache meiner Mutter war Russisch und nicht mehr Jiddisch. Als meine Mutter vor einigen Jahren die Serie *Shtisel*, die größtenteils auf Jiddisch gedreht worden ist, anschaute, war sie dennoch begeistert – nicht so sehr von der Serie selbst, sondern von dem »warmen Gefühl«, dass mehr und mehr jiddische Ausdrücke in ihr Bewusstsein zurückkehrten. Ausdrücke, die sie während ihrer Kindheit täglich gehört hatte und an die sie sich schon lange nicht mehr aktiv erinnerte.

Machtverhältnisse und Nationalismus spiegeln sich stets in der Sprache wider. Genauso wie die jeweils herrschenden Diskurse und Ideologien. Man kann sich noch heute selbst in den entlegensten Dörfern im Kaukasus oder in Zentralasien auf Russisch verständigen, allerdings ist dies dem Umstand geschuldet, dass Russisch nicht nur eine wunderschöne, sondern auch eine imperiale Sprache ist. Die Dominanz der russischen Sprache in Baku war insofern politisch gewollt. Daran liegt es auch, dass ich als Kind niemals richtig Aserbaidschanisch gelernt habe, obwohl ich mir durchaus Mühe gab. Wir sprachen die Sprache des Imperiums, und das war damals genug.

Aserbaidschanisch umgab mich jeden Tag, in den Wohnungen der Nachbarschaft oder unserer Freund*innen[1], auf der Straße und in der Schule. Dort besuchte ich eine russischsprachige Klasse. Aserbaidschanisch wurde zwar von der ersten Klasse an unterrichtet, allerdings nicht sonderlich gut. Neben russischsprachigen Klassen wie meiner gab es auch andere, in denen nur auf Aserbaidschanisch unterrichtet wurde – in der Regel waren das zwei getrennte Welten. Die Klassen, die auf Russisch unterrichtet wurden, waren privilegiert. Die Kinder, die sie besuchten, stammten aus sozial etwas gehobeneren Schichten und hatten Eltern mit deutlich höheren Bildungsabschlüssen.

Russisch war in der gesamten Sowjetunion die dominante Bildungs- und Kommunikationssprache. Viele aserbaidschanischsprachige Familien fingen im Laufe der Zeit an, ebenfalls untereinander Russisch zu sprechen. Obwohl die Sowjetunion eine klassenlose Gesellschaft sein sollte, zeigte der Abstand, den nicht-russischsprachige Muttersprachler*innen zu der eigenen

Herkunftssprache und Kultur gewonnen hatten, auch die eigene soziale Klasse an – je mehr und akzentfreier man also Russisch sprach, desto eher gehörte man der »Intelligenzija« an. Russisch wurde mit Kultur gleichgesetzt. Alles Nationale war dagegen eher verpönt, zumindest alles, was nicht russisch war.

Selbst das aserbaidschanische Alphabet wurde zum Bauernopfer der Politik und gleich mehrmals geändert: Die seit dem Mittelalter verwendeten arabischen Schriftzeichen wurden 1929 durch die lateinische Schrift abgelöst. Dieser folgte schon 1938 die kyrillische Schrift, ehe man 1991/92 zur lateinischen Schreibweise zurückkehrte. Drei Alphabete in hundert Jahren bedeuten leider auch, dass viele alte Bücher und Dokumente aus den Archiven und Bibliotheken von einem Großteil der heutigen Bevölkerung nicht mehr gelesen werden könnten. Selbst Wissenschaftler*innen tun sich schwer, diese Quellen zu lesen oder sie überhaupt erst zu finden. Im Iran, wo sehr viele Aserbaidschanisch-Sprecher*innen leben, wurde das perso-arabische Alphabet hingegen beibehalten. Zudem war die Kommunikation unter den Sprecher*innen der Turksprachen, zu denen Aserbaidschanisch gehört, aber auch etwa vierzig andere Sprachen mit 180–200 Millionen Sprecher*innen, früher dank des arabischen Alphabets recht einfach. Die Orthografie war einheitlich und die schriftliche Kommunikation deshalb möglich. Mit jeder erzwungenen Änderung der aserbaidschanischen Schrift verschmälerte sich jedoch die Möglichkeit der Kommunikation.

Im Jahr 1996 bin ich im Alter von elf Jahren mit meiner Familie aus Aserbaidschan nach Deutschland ausgewandert. Von da an wurde ich auf Deutsch sozialisiert, sodass ich das Deutsche heute um einiges besser beherrsche als meine russische Muttersprache. Die Muttersprache meiner Kinder ist Deutsch, auch wenn ich mit ihnen Russisch spreche und mein Mann Arabisch. Mit meinem Mann spreche ich Englisch – so fühlen wir uns am wohlsten. Er ist 2013 aus Syrien nach Deutschland gekommen, und auch in der Geschichte seiner Familie spielt Mehrsprachigkeit eine große Rolle – wie wahrscheinlich in sehr vielen Familien auf dieser Welt. Wir haben jedenfalls keine gemeinsame Familiensprache mehr und sind damit bei Weitem keine Ausnahme.

Mittlerweile kann ich mit dem Konzept der »Muttersprache« nur noch bedingt etwas anfangen. Die in der Translationswissenschaft, der Wissenschaft vom Übersetzen und Dolmetschen, verwendete Einordnung in A-, B- und C-Sprachen leuchtet mir viel mehr ein. Sie ist näher an meiner Lebenswirklichkeit. Die A-Sprache ist demnach die Mutter- oder Erstsprache oder einfach die Sprache, die man am besten beherrscht. In diese übersetzt man entsprechend aus den B- oder C-Sprachen. Die Unterscheidung ist frei von Ideologie und Wertungen und orientiert sich ausschließlich an der Leistung, also daran, wie gut man eine bestimmte Sprache im Verhältnis zu einer anderen beherrscht.

Meine Kinder haben viele Cousins und Cousinen ersten und zweiten Grades, die in Israel, Syrien, den Vereinigten Arabischen Emiraten und in Saudi-Arabien leben. Mit denen von ihnen, die Arabisch sprechen, werden sie sich vermutlich unterhalten können, mit ihren Cousins und Cousinen in Israel dagegen nicht, denn diese können kein Russisch. Wahrscheinlich werden sie sich mit ihnen irgendwann in der neuen Lingua franca – Englisch – verständigen.

Sprache ist nicht statisch, Familiensprachen und Muttersprachen können sich ändern, ob als Folge von Migration, Vertreibung und Kriegen oder einer Liebe wegen. Selbst im hohen Alter ist ein Sprachwechsel möglich. In meiner Familie wechselte man die Sprachen, Länder und Alphabete mehrmals, manchmal sogar innerhalb von wenigen Jahren und ohne überhaupt die eigene Wohnung zu verlassen. Familiengeschichten, Erinnerungen und Menschen gingen dabei verloren, manche Erinnerungen wurden willentlich ausgelöscht, andere konnten gerettet und weitergegeben werden. Dass ausgerechnet Deutsch die erste Sprache meiner Kinder werden würde, ist nicht frei von historischer Ironie.

Mir ist es wichtig, dass meine Kinder mehrsprachig aufwachsen. Vielleicht ist es der reine Überlebenswille, denn Sprachkenntnisse können Leben retten. Jede Sprache öffnet darüber hinaus ungeahnte Möglichkeiten und viele Türen – oft gerade dann, wenn man gar nicht damit rechnet. Sprachen ermöglichen uns, andere Menschen kennenzulernen, auf sie zuzugehen und sie im umfassendsten Sinne des Wortes zu *verstehen*. Dasselbe gilt für andere Kulturen und manchmal sogar für uns selbst. Mit jeder Sprache, die wir beherrschen, kommen wir besser in anderen Umgebungen, Situationen und Ländern zurecht – oder aber auch einfach nur mit den Nachbarn. Der Philosoph Ludwig Wittgenstein schrieb: »Die Grenzen meiner Sprache bedeuten die Grenzen meiner Welt.«[2] Mit jeder weiteren Sprache überschreiten wir also diese Grenzen. Wir lernen andere Küchen, Autor*innen, Musiker*innen, Künstler*innen, Philosoph*innen kennen, zu deren Œuvre wir sonst keinen Zugang gehabt hätten.

Es geht mir dabei nicht um Sprachkenntnisse, die in

Zertifikate verwandelt und durch Tests bewertet werden, sondern um Identitäten, um die eigene Biografie, um das biografische Erbe und nicht zuletzt um Emotionen. Meine Kinder wachsen mit drei unterschiedlichen Sprachen auf und werden in drei vollkommen unterschiedlichen Schriftsystemen alphabetisiert. Sie wissen, dass alles relativ ist. Sie begreifen, dass manche Ausdrücke sich nicht ohne Weiteres in andere Sprachen übersetzen lassen und dass je nach Sprache manche kulturellen Vorstellungen und Konzepte auch gänzlich fehlen. Für sie ist es selbstverständlich, dass man auch mit Umschreibungen gut ans Ziel kommt.

Ich kann mir schlicht nicht vorstellen, wie es wäre, wenn meine Kinder kein Russisch verstehen würden. Würden sie bei Familientreffen stumm am Tisch sitzen? Oder würden wir ihnen zuliebe darauf verzichten, Russisch zu reden? Wie könnte ich ihnen bestimmte Details aus meiner Kindheit erzählen? Oder Witze machen? Mit ihnen Baku, St. Petersburg oder Moskau besichtigen? Ihnen die Bücher meiner Kindheit vorlesen? Würde ich ihnen kein Russisch beibringen, hätte ich das Gefühl, dass ich ihnen einen großen Teil meiner – und auch ihrer – Identität vorenthalte und sie von etwas abschneide, das doch ihnen gehört. Zugleich hätte ich mir vor ihrer Geburt nicht vorstellen können, wie viel Arbeit die mehrsprachige Erziehung tatsächlich bedeutet: Wir bringen die Kinder ständig zu diversen Kursen, um ihre Sprachkenntnisse aufzubessern – denn sie wachsen ja in einer deutschsprachigen Umgebung auf und brauchen so viel Input in Russisch und Arabisch wie möglich. Viele Kinderbücher besitzen wir in mehreren Übersetzungen, und wenn wir den Kindern vorlesen oder mit ihnen sprechen, findet eigentlich immer zugleich eine Verdolmetschung statt – wir übersetzen eine Vokabel, die ihnen noch nicht geläufig ist, oder auch mal ganze Sätze. Ich spreche mit den Kindern Russisch, mein Mann Arabisch, sie verstehen alles, antworten aber am liebsten auf Deutsch. Sind die Kinder unserer Freunde zu Besuch, die entweder kein Russisch oder kein Arabisch verstehen, sage ich meistens ein paar Sätze auf Deutsch und übersetze sie dann sofort ins Russische. Mein Mann übersetzt seinerseits ins Deutsche, damit sich kein Kind ausgeschlossen fühlt.

Die Linguistin Aneta Pavlenko sagte in einem Interview etwas für mich sehr Bezeichnendes: »Meine Sprachen bewahren mich vor der Selbstgefälligkeit, zu denken, meine Weltanschauung sei die einzige und unfehlbar. Sie helfen mir, den Grenzen meiner eigenen Welt zu entkommen.«[3] Ich selbst habe manchmal das Gefühl, in jeder Sprache eine andere Persönlichkeit zu haben. Auf Russisch bin ich witziger, auf Deutsch aufgeräumter, womöglich sogar sachlicher, und auf Englisch zwar eingeschränkt in meinen Ausdrucksmitteln, aber viel freier und entspannter, weil es kein Kampf war, die Sprache zu lernen, und weil mir niemand meine Fehler vorhält. Mit Tieren und Babys spreche ich, ohne nachzudenken, Russisch. Mein ganzes Leben lang habe ich Sprachen gelernt: Latein, Spanisch und Englisch in der Schule, Französisch und Polnisch im Studium, Hebräisch, Türkisch und Arabisch nebenher. Die Erfolge blieben überschaubar, aber dennoch waren diese Stunden nicht verschwendet. Mich fasziniert, wie unterschiedlich die einzelnen Sprachen strukturiert und geordnet sind, welch enorme Flexibilität sie zum Teil aufweisen und wie wandlungsfähig einzelne Begriffe in ihren Übersetzungen sein können.

Heute ist es fast unbestritten, dass Mehrsprachigkeit viele Vorteile mit sich bringt: Manche Forscher glauben, dass sie sich positiv auf kognitive Fähigkeiten auswirkt und sogar länger vor Alzheimer schützt.[4] Mehrsprachige Menschen, heißt es, lernten schneller andere Sprachen, und selbst Babys aus bilingualen Familien könnten ihre Aufmerksamkeit besser kontrollieren als solche mit einsprachigen Eltern.[5] Mehrsprachigkeit wird darum oft als »Doping fürs Gehirn« bezeichnet. Allerdings sind diese

Forschungsergebnisse nicht unumstritten.[6] Sicher ist eines: Schaden richtet sie nicht an.

Es gibt weltweit rund 7000 Sprachen und 195 Staaten. Mehrsprachigkeit ist also der Normalzustand. Die Ausnahme ist eher die Einsprachigkeit, allerdings findet sie sich bei einer sehr mächtigen Minderheit.

Wir leben heute in einer Welt, in der es zunehmend unvorstellbar wird, nur eine Sprache zu sprechen – wobei die zweite Sprache meistens Englisch ist. Globalisierung und Migration haben dazu genauso beigetragen wie die veränderte mediale Kommunikation und die technischen Entwicklungen. Viele Menschen arbeiten in multinationalen Konzernen und transnationalen Arbeitsgruppen, kommunizieren in Echtzeit über Kontinente hinweg, aber auch die Politik wird supranational. Internationale Organisationen, wie etwa die Europäische Union, der Internationale Währungsfonds oder die Vereinten Nationen sind nicht mehr wegzudenken. Auch wenn Englisch mittlerweile die unangefochtene Lingua franca geworden ist, werden Sprachkenntnisse dennoch wichtiger denn je. Der Soziologe Steven Vertovec beschreibt unsere immer komplexer werdende Welt nicht umsonst als »superdivers«.[7]

Mehrsprachigkeit war allerdings auch vor dem sprichwörtlichen *technischen* Zeitalter keine Seltenheit.

Elias Canetti, der Literaturnobelpreisträger von 1981, lernte erst mit zwölf Jahren Deutsch. Seine erste Sprache war Ladino, gefolgt von Bulgarisch und Deutsch. In seinem autobiografischen Buch *Die gerettete Zunge* schreibt er: »Rustchuk, an der unteren Donau, wo ich zur Welt kam, war eine wunderbare Stadt für ein Kind, und wenn ich sage, dass sie in Bulgarien liegt, gebe ich eine unzulängliche Vorstellung von ihr, denn es lebten dort Menschen der verschiedensten Herkunft, an einem Tag konnte man sieben oder acht Sprachen hören.«[8]

Im Mittelalter war Latein die Bildungssprache, und noch heute gelten lateinische Fremdwörter, die mehr oder minder geschickt in eine Konversation eingeflochten werden, als Ausweis einer gewissen geistigen Überlegenheit. Am russischen Zarenhof sprach man jahrhundertelang ausschließlich Französisch, während Russisch nur den intimsten Augenblicken vorbehalten blieb. Im Osmanischen Reich verstand die Mehrheit der Bevölkerung die offizielle Sprache des Reiches – das Osmanische – nicht. *Krieg und Frieden* von Leo Tolstoi fängt mit einem französischen Ausspruch an, der im Original selbstverständlich nicht übersetzt war. Um Vladimir Nabokovs Meisterwerk, den Roman *Ada oder das Verlangen*, zu verstehen, sollte man Englisch, Russisch und Französisch in Perfektion beherrschen. Das Buch wurde zwar auf Englisch geschrieben, ist aber voller russischer und französischer Wortspiele. Allein um diesen Roman im Original lesen zu können, lohnt es sich, die drei Sprachen zu lernen. Zum Glück ist noch niemand auf die Idee gekommen, Nabokov als einen »Migrationsautor« zu bezeichnen. Genauso wenig wie Samuel Beckett oder Joseph Conrad.

Dennoch: Am 21. Februar 2020, am Morgen nach dem Anschlag von Hanau, bei dem ein Terrorist aus rassistischen Motiven neun Menschen ermordete, bestand ich darauf, meine Kinder in den Kindergarten zu bringen. Im Gegensatz zu meinem Mann würde man mich als *Deutsche* lesen. An diesem Tag sprach ich mit ihnen Deutsch, kein Russisch – und schämte mich dafür.

Als ich mit elf Jahren nach Deutschland kam, konnte ich außer dem Ausdruck »Hände hoch!«, den ich in alten sowjetischen Filmen aufgeschnappt hatte, kein Wort Deutsch. Eine Woche nach unserer Ankunft in der tiefsten hessischen Provinz wurde ich in die Schule geschickt – ohne irgendeine Vorbereitung. Ich wurde in die vierte Klasse der örtlichen Grundschule gesteckt, obwohl ich in Baku bereits die sechste Klasse besucht hatte. Anscheinend sollte die Rückstellung mir beim Spracherwerb helfen, sie sorgte aber auch dafür, dass ich mich in der Folge jahrelang für den Umstand schämte, älter als die meisten anderen in meiner Klasse zu sein. Ich betonte immer wieder, nicht sitzen geblieben zu sein. In meiner Klasse waren etliche andere Kinder aus meinem Asylbewerberheim, einige davon sogar noch älter als ich. Wir konnten uns untereinander auf Englisch verständigen. Ich hatte die Sprache seit der zweiten Klasse gelernt und konnte nun zwar nicht beim flüssigen Englisch der Mädchen aus Afghanistan mithalten, aber immerhin war mir eine eingeschränkte Kommunikation möglich. Meine deutschsprachigen Mitschüler*innen konnte ich dagegen erst einmal überhaupt nicht verstehen. Ich konnte dem Unterricht nicht folgen, lange wusste ich nicht einmal, welches Fach wir gerade durchnahmen. Nur während des Mathematikunterrichts fühlte ich mich auf sicherem Terrain – auch wenn ich verwundert darüber war, dass Algebra und Geometrie zusammen unterrichtet wurden und nicht als zwei getrennte Fächer wie in Baku. Genauso wie Deutsch und Literatur – ich hatte einfach nicht verstanden, dass ich wieder in der Grundschule gelandet war.

Meine Lehrer*innen konnten mir kaum helfen, sie hatten weder die Mittel noch die Ausbildung dafür. Zudem mussten sie auch noch den Regelunterricht halten. Das Einzige, was sie fanden, war ein Ringordner mit etwa 150 Karteikarten, auf denen Alltagsszenen und Gegenstände dargestellt und die dazugehörigen deutschen Bezeichnungen notiert waren. So lernte ich Deutsch. Ich wünsche es niemanden sonst.

Eine ähnliche Erfahrung beschreibt die in Sarajewo geborene Journalistin Melisa Erkurt in ihrem Buch *Generation Haram*. Ihre Mutter war mit ihr während des Jugoslawienkrieges nach Österreich geflohen. »[I]ch hörte eine Zeitlang komplett auf zu sprechen, zum Teil aus Angst davor, ausgelacht zu werden, wenn ich ein Wort auf Deutsch falsch ausspreche.«[9]

Wie Melisa Erkurt habe auch ich die ersten Jahre im neuen Land überwiegend geschwiegen. Ich fühlte mich zu unsicher, Deutsch in der Öffentlichkeit zu sprechen, und zugleich vergaß ich auch meine Englischkenntnisse. Nach einigen Monaten wechselte ich an eine neue Schule, und dort gab es niemanden, mit dem ich mich auf Englisch verständigen konnte. Sogar mein Russisch wurde zunehmend schwächer.

Nach etwa einem Jahr war ich schließlich in der Lage, die Menschen in meiner Umgebung zu verstehen und mit ihnen zu kommunizieren. Zeitgleich fing ich an, mich durch die Bestände der öffentlichen Bibliothek zu lesen. Obwohl ich auf Russisch bereits Hemingway, Émile Zola, Tolstoi und Balzac las, konnte auf Deutsch natürlich keine Rede davon sein. Ich las stattdessen alle verfügbaren Bände der *Hanni und Nanni*-Reihe – nicht unbedingt, weil ich sie so sehr mochte, sondern weil ich es konnte. Mein Deutsch verbesserte sich spürbar. Dennoch dauerte es selbst noch auf dem Gymnasium lange, bis ich mich in puncto Rechtschreibung und Grammatik sicher fühlte. Ich hatte großes Glück, dass meine damalige Deutschlehrerin, Frau Heuberger, mir Zeit gab, mich zu entwickeln. Sie benotete vor allem den Inhalt und den Stil meiner Klausuren.

Doch nicht alle Erlebnisse beim Erlernen der deutschen Sprache waren so erfreulich. Am deutlichsten in Erinnerung geblieben ist mir eine andere Lehrerin, die mir kurz vor dem Abitur erklärte, ich könnte keine Höchstnote in Deutsch bekommen, da ich mit einem Akzent spräche. Zu diesem Zeitpunkt hatte ich bereits einen Literaturwettbewerb in meiner Region gewonnen – außer mir war niemand von meiner Schule unter den Preisträger*innen. Ein Umstand, der nicht zu meinen Gunsten ausgelegt wurde. Meine Deutschlehrerin nannte mich vor den anderen aus der Klasse fortan süffisant »die Schriftstellerin«. Sie tat es, um mich zu demütigen.

Wenige Monate später machte ich Abitur. Als Prüfungsleistung schrieb ich eine Arbeit über die moderne israelische Gesellschaft, die mit der Note »sehr gut« bewertet wurde. Meine Schule nahm damals an dem Projekt »Jugend schreibt« der *Frankfurter Allgemeinen Zeitung* teil. Ich galt nie als »gut« oder »begabt« genug, um für dieses Projekt auch nur in Betracht gezogen zu werden. Allerdings schlug mir die Lehrerin, die auswählte, wer mitmachen durfte, vor, meine Arbeit ihrem Schüler zu geben. Er sollte sie in einem Artikel für die *FAZ* zusammenfassen – ohne allerdings meinen Namen oder meine Arbeit zu erwähnen. Die Lehrerin fand das völlig normal. Ich habe abgelehnt.

Dieselbe Lehrerin fragte damals eine Schülerin, die ein Kopftuch trug, ob diese wisse, dass sich viele Frauen daran erhängen würden, und dabei zog sie leicht am Tuch. Diese Schülerin studierte später als Erste in ihrer Familie – Anglistik und Germanistik auf Lehramt. Beides schloss sie mit der Bestnote ab. Als sie im Rahmen ihres Studiums für ein pädagogisches Pflichtpraktikum an ihre alte Schule zurückkehrte, war die besagte Lehrerin dort immer noch tätig. Sie sprach der jungen Frau im Lehrerzimmer die Fähigkeit ab, Deutsch zu unterrichten, und erinnerte an die »wallenden Gewänder«, die diese angeblich während ihrer Schulzeit trug. Diesmal schritt jedoch eine jüngere Kollegin ein.

Wie viele andere Einwandererkinder wünschte ich mir damals nichts sehnlicher, als genauso zu sein wie alle anderen: nicht aufzufallen, Annika oder Christine zu heißen, akzentfrei Deutsch zu sprechen. Ich wollte möglichst *gewöhnlich* sein, was auch immer das genau hieß.

Die Wiener Sprachwissenschaftlerin Brigitta Busch geht in ihrem Buch über Mehrsprachigkeit unter anderem auf eine empirische Untersuchung ein, wonach Kinder und Jugendliche aus Einwandererfamilien sehr oft von ihren Eltern zu Dolmetscherdiensten herangezogen werden. Von den 42 befragten Jugendlichen gaben 41 an, gelegentlich oder häufig für ihre Eltern gedolmetscht zu haben – im Arbeitsamt, im Krankenhaus, in der Schule, in Verwaltungen oder bei der Polizei. Die Jugendlichen seien allerdings oft überfordert, beispielsweise wenn es um medizinische Diagnosen oder um Fragen des Aufenthaltsstatus geht oder wenn sie mit Kontexten und Inhalten konfrontiert werden, die den altersgemäßen Erfahrungshorizont überschreiten. Zudem werde den Jugendlichen eine zu große Verantwortung aufgebürdet, denn ihre Übersetzungen und vor allem mögliche Fehler dabei könnten für ihre Familien fatale Konsequenzen haben. Die Eltern könnten wegen ihrer vermeintlich falschen Übersetzung eine Falschaussage machen, den Aufenthaltsstatus aberkannt bekommen oder eine falsche Behandlung im Krankenhaus riskieren. Doch auch der Informationsvorsprung, den die Jugendlichen gegenüber ihren Eltern hätten, könnte für sie zu einer Belastung werden. Die Behörden würden als übermächtig erlebt, die eigenen Eltern dagegen als hilflos und ohnmächtig.[10]

Auch ich schrieb für meine Eltern viele Briefe an die Behörden, begleitete sie zu den Elternsprechtagen, weil sie Hilfe brauchten, um die Lehrer zu verstehen. Während dieser Termine war ich fast das einzige Kind auf dem Schulgelände. Ich schämte mich, und zugleich fühlte ich mich hilflos.

Eine völlig andere Erfahrung machte ich viel später in Polen, als ich in Warschau mein Erasmus-Semester absolvierte. Jedes Mal, wenn ich versuchte, Polnisch zu sprechen – und ich sprach es sehr schlecht –, ließ man mich ausreden. Einmal eröffnete ich sogar ein Konto auf Polnisch – zwei Stunden lang und mit einem Wörterbuch bewaffnet. Es war ein krasser Gegensatz zu meinen Erlebnissen in Deutschland, und ich vermute, es hatte damit zu tun, dass ich als »Expat« und nicht als »Ausländerin« gelesen wurde. Über die Freundlichkeit der Menschen in Warschau staune ich bis heute.

Die Scham, fehlerhaftes Deutsch zu sprechen, hat sich tief in mich eingeschrieben. Ich habe meiner eigenen Sprache sehr lange nicht vertraut. Erst mit Mitte zwanzig – ich studierte am Deutschen Literaturinstitut in Leipzig und war für ein Austauschsemester in Moskau – hörte ich auf, mich für mein Deutsch zu schämen. Ich stand für Studentenkarten am Bolschoi-Theater an, als vor mir ein Mann auf Fantasie-Englisch mit der Kartenverkäuferin radebrechte. Aus Mitleid fragte ich ihn auf Deutsch, ob ich ihm helfen könnte. Er nahm meine Hilfe an, bekam seine Karte und erklärte mir mit einer beeindruckenden Portion Herablassung, ich würde zwar mit einem Akzent Deutsch sprechen, aber immerhin gar nicht so schlecht. Danach schämte ich mich nie wieder.

Der einzige Bildungsort, an dem mein Deutsch nicht als defizitär betrachtet wurde, war das eben erwähnte Deutsche Literaturinstitut in Leipzig. Dort spielte meine Herkunft keine Rolle mehr. Mein vermeintlicher Akzent wurde nicht thematisiert, und die Unzulänglichkeiten meines Schreibens wurden zu keinem Zeitpunkt auf meinen Spracherwerb geschoben. Ich durfte mich einfach im Schreiben ausprobieren.

Migrantische Erfolgsgeschichten sind leider eine Sache für sich. Sie versichern etwas, das selbstverständlich sein sollte, und markieren zugleich die eigene Nichtzugehörigkeit. Sie sind der vermeintliche Beweis dafür, dass es in Deutschland wirklich jede*r schaffen kann – wenn man sich nur genügend Mühe gibt. Die Verantwortung wird so dem Einzelnen übertragen, und man muss sich nicht mehr mit dem großen Ganzen, wie etwa der strukturellen Benachteiligung, befassen. Wenn immer wieder vonseiten der Mehrheitsgesellschaft betont wird, dass es der oder die aus einer benachteiligten Gruppe »geschafft« habe und es also nicht so schwer sei, muss man sich weniger damit auseinandersetzen, dass man selbst einen solchen Aufstieg oder auch nur den Erhalt der eigenen Privilegien und des sozialen Status geschafft hat, ohne dass es einer vergleichbaren Anstrengung oder überhaupt eines Aufstiegs bedurft hätte.

Eine Freundin von mir sprach mit ihrer Tochter seit ihrer Geburt Russisch. Das Kind besuchte eine bilinguale Krippe und später die musikalische Früherziehung in Prenzlauer Berg, einem Stadtteil von Berlin, der für seine überfürsorglichen Mütter mit schwäbischer Binnenmigrationsgeschichte bekannt ist. Meiner Freundin wurde dort mitgeteilt, dass ihre zweijährige Tochter schlecht Deutsch verstehen würde. Sie wollte nicht, dass auch ihre Tochter als eine »Ausländerin« gelesen wurde. Das Kind sollte *dazugehören* und es leichter haben als sie selbst. An diesem Tag fing meine Freundin an, mit ihrer Tochter nur noch Deutsch zu reden.

Bekannte erzählten mir einmal verstört von einem Elternabend, an dem eine Deutschlehrerin mit einem türkischen Vornamen den Eltern lang und breit erklärte, dass sie sich keine Sorgen zu machen brauchten: Sie sei in Deutschland geboren, habe hier studiert und sei mit einem Deutschen verheiratet. Vor allem die Wahl ihres Ehemanns sollte offenbar ihre Qualifikation unterstreichen. Die Situation in Deutschland ist eine merkwürdige: Zum einem werden gute, wenn nicht sogar ausgezeichnete Deutschkenntnisse vorausgesetzt, zum anderen sind die Menschen doch überrascht, wenn diese dann von einer Person of Colour erbracht werden. Die Lehrerin glaubte, die ethnische Zugehörigkeit ihres Mannes bemühen zu müssen, weil sie davon ausging – wahrscheinlich hatte sie bereits entsprechende Erfahrungen gemacht –, dass ihr Lehramtsstudium und ihr Staatsexamen sie in den Augen der Eltern ihrer Schüler*innen nicht genügend qualifizierten.

Ich kann meine Texte ausschließlich auf Deutsch schreiben. Deutsch ist die einzige Sprache, in der ich mir über alle Konnotationen eines einzelnen Wortes bewusst bin, in der ich weiß, ob es sich um eine politische oder popkulturelle Anspielung handelt. Mein Russisch ist im Vergleich dazu »eingerostet« – ich habe die letzten zwanzig Jahre der Sprachentwicklung verpasst, und Russisch hat sich in diesen Jahrzehnten extrem gewandelt. Viele Begriffe sind in der Zeit aus dem Englischen entlehnt worden, Neologismen hinzugekommen. Manche sind mir bis heute unbekannt. Ich habe zwar einiges aufgeholt, aber es fühlt sich längst nicht so »natürlich« an, wie dieselben Begriffe auf Deutsch oder Englisch zu verwenden. Selbst wenn ich russische Belletristik lese, muss ich ab und zu ein Wort nachschlagen, vor allem wenn es sich um Slang handelt. Allerdings ist der russische Slang eine eigene Kunstform.

Gleichzeitig vermisse ich Russisch, vor allem die

flexible Satzstruktur und die unzähligen Diminutive und Affektsuffixe bei Eigennamen, die eine ganz andere Nuancierung der Beziehungen erlauben als im Deutschen. Es gefällt mir auch, Englisch zu sprechen oder zu lesen. Dennoch könnte ich in einer dieser beiden Sprachen nur schreiben, wenn ich noch einmal lange in einem englisch- oder russischsprachigen Land lebte. Dann wäre ein erneuter Sprachwechsel denkbar.

Manche Besonderheiten des Deutschen sind mir noch immer fremd – so etwa das grammatikalische Geschlecht der Wörter Mädchen, Weib und Fräulein. Weshalb wird hier das Neutrum benutzt? *Der* Junge bleibt schließlich auch *der* Junge. Aber über die Unregelmäßigkeiten des deutschen Genus-Systems hatte sich schon der amerikanische Schriftsteller Mark Twain in seiner Schrift »Die schreckliche deutsche Sprache« zur Genüge echauffiert. Merkwürdig finde ich die Redewendung »jemandem den Kopf waschen«. Sie bedeutet, sich jemanden vorzuknöpfen, jemanden zu tadeln oder zurechtzuweisen. Dabei ist die Handlung an sich eine zärtliche – zumindest, wenn man dem eigenen Kind den Kopf wäscht oder sich beim Friseur zurücklehnt.

In seinem Werk *Die Einsprachigkeit des Anderen* beschreibt der jüdisch-maghrebinisch-französische Philosoph Jacques Derrida sein Verhältnis zu der französischen Sprache und vor allem die Abwesenheit der anderen für ihn so wichtigen Sprachen, wie etwa des Arabischen und des Hebräischen. Derrida wurde 1930 in Algerien geboren und im Französischen sozialisiert. Was er über das Französische schreibt, könnte ich genauso über das Deutsche sagen: »Meine Bindung an das Französische hat Formen, die ich manchmal als ›neurotisch‹ beurteile. Die anderen Sprachen, die ich mehr oder weniger ungeschickt lese, entziffere und manchmal spreche, sind Sprachen, die ich nie wirklich bewohnen werde. Jedenfalls in der Hinsicht, in der ›bewohnen‹ für mich etwas zu bedeuten beginnt.«[11]

Ich bin also mehrsprachig im Alltag und monolingual beim Schreiben: Wenn ich schreibe, dann, wie gesagt, ausschließlich auf Deutsch. Immerhin habe ich den größten Teil meines Lebens hier verbracht, die meisten Bücher auf Deutsch gelesen und hier meine Ausbildung beendet (zumindest einen der von mir angefangenen Studiengänge). Bei der Arbeit an meinem vierten Roman *Der verlorene Sohn* griff ich dann aber die ganze Zeit auf russisch- und englischsprachige Quellen zurück. Plötzlich musste ich tatsächlich übersetzen und wusste nicht so recht, wie, denn die russischen Formulierungen erschienen mir die einzig richtigen, während sich ihre deutschen Entsprechungen fremd und unpassend anfühlten.

Derrida schreibt in *Die Einsprachigkeit des Anderen*: »Ja, ich habe nur eine Sprache, und die ist nicht die meinige.«[12] Dieses Gefühl habe ich im Deutschen nicht, aber manchmal eben doch – insbesondere dann, wenn mir gesagt wird, ich würde Deutsch mit einem Akzent sprechen. Mir ist das allerdings immer erst passiert, nachdem meine Gegenüber meinen Namen erfahren und mich auf einmal als *nicht-deutsch* enttarnt hatten. Seit 2015, nach der letzten Einwanderungswelle nach Deutschland, bei der vor allem Menschen, die als nicht-weiß gelesen werden, nach Deutschland gekommen sind, bin ich übrigens kein einziges Mal mehr auf meinen Akzent angesprochen worden. Tatsächlich ist es nicht Deutsch, das ich mit einem Akzent spreche, sondern Russisch – auch wenn niemand diesen Akzent im Russischen genau einordnen kann. Mir wurde bereits eine polnische, deutsche, britische und selbst eine französische Herkunft bescheinigt. Auf jeden Fall klingt mein Russisch mittlerweile anders als das einer »Muttersprachlerin«. Zuweilen bin ich mir beispielsweise bei einzelnen Betonungen unsicher.

Ich finde zwar nicht, dass ich Deutsch mit einem Akzent spreche, aber in einer Sache bin ich mir sehr sicher: Ich *schreibe* definitiv ohne Akzent. Umso verblüffter war ich, als man mich nach der Veröffentlichung meines ersten Romans im Jahr 2012 regelmäßig als »Migrationsautorin« bezeichnete. Mehr noch, ich verstand nicht, was der Begriff »Migrationsliteratur« überhaupt bedeuten sollte. Es konnte nicht sein, dass alle Autoren, die ein nicht-deutsches Elternteil haben, ungeachtet aller ästhetischen Kriterien in einen Topf geworfen werden. Ich habe mittlerweile auf unzähligen Podien gesessen, die sich mit dieser Frage auseinandersetzen sollten, habe lange Gespräche darüber geführt und diverse wissenschaftliche Ausführungen gelesen und ich muss trotzdem zugeben, dass ich noch immer nicht verstehe, was »Migrationsliteratur« eigentlich sein soll. Oder ob dieser Begriff etwas anderes als die Herkunft meinen kann.

Der Adelbert-von-Chamisso-Preis wurde seit 1985 an Schriftsteller*innen verliehen, deren Muttersprache nicht Deutsch war. 2012 wurden die Bedingungen dahingehend geändert, dass der Preis nunmehr gedacht sei für »herausragende auf Deutsch schreibende Autoren, deren Werk von einem Kulturwechsel geprägt ist«. Im Jahr 2017 wurde der Preis dann gänzlich eingestellt. Dabei war er sehr wichtig, weil er vielen Autor*innen zu mehr Sichtbarkeit verholfen hatte. Allerdings hatte er sie eben auch klassifiziert. »Migrationsliteratur« ist stets eine Literatur, die anders ist, die nicht dazugehört. Sie ist nicht ganz deutsch. Alle, wirklich ausnahmslos alle Autor*innen, die einen für die Mehrheitsgesellschaft seltsam klingenden Namen haben und die entweder selbst oder deren Eltern nicht in Deutschland geboren worden sind, werden unter diesem unsäglichen Begriff zusammengefasst, wie zum Beispiel Fatma Aydemir, Nino Haratischwili, Sherko Fatah, Abbas Khider, Terézia Mora oder Saša Stanišić, um nur einige Namen zu nennen.

2014 veröffentlichte ich den Roman *Die juristische Unschärfe einer Ehe*, ein Jahr später wurde Verena Mermers Roman *die stimme über den dächern* publiziert. Der eine Roman spielt in Deutschland und Aserbaidschan. Der andere handelt von politischen Umbrüchen im zeitgenössischen Aserbaidschan und spielt ausschließlich dort. Verena Mermer wurde im selben Jahr wie ich geboren, aber in St. Egyden am Steinfeld, das in Niederösterreich liegt. Ich wurde in Baku geboren. Verena Mermer lebte und arbeitete in Delhi und Baku. Sie wohnt heute in Wien, ich lebe in Berlin. Eines der Bücher wurde in einem deutschen Verlag publiziert, das andere in einem österreichischen. Mein Buch zählt zur »Migrationsliteratur«, ihres zur deutschen beziehungsweise österreichischen Literatur. Warum eigentlich?

Ich war vor ein paar Jahren als Writer-in-Residence an den beiden englischen Universitäten Oxford und Warwick. Zu meinen Pflichten gehörten dort neben Lesungen auch Vorträge und Seminarbesuche in der Germanistik. Eine der ersten Frage von den Studierenden war die nach der Migrationsliteratur. Der Begriff war ein Export aus Deutschland, und ich war extrem verblüfft, ihn in Großbritannien anzutreffen, wo die akademische Diskussion der deutschen mitunter sehr weit voraus ist. In Großbritannien gibt es keine »Migrationsautor*innen«, nur englischsprachige. Ich fragte die Studierenden, ob sie auch Zadie Smith als eine Migrationsautorin wahrnehmen würden, und mit einem Mal war die ganze Absurdität des Begriffs klar.

Der Begriff »Migrationsliteratur« hat sehr viel mit »Weltmusik« gemeinsam. Auch Weltmusik ist stets das Andere, ohne dass man weiß, weshalb. So gelten die türkische und die arabische Musik immer als Weltmusik, Jazz und Blues dagegen nicht, die sind »universell«. Es handelt sich bei »Migrationsliteratur« mit anderen Worten um einen durch und durch fragwürdigen, rassistischen und paternalistischen Begriff. Zum Glück wird er immer weniger verwendet. Doch die von Sigrid Löffler vorgeschlagene Formulierung der »neuen Weltliteratur«[13] bringt uns leider auch nur bedingt weiter. »Weltliteratur« klingt erst recht nach »Weltmusik«. Zumal die Bezeichnung »Weltliteratur« oft als Sammelbezeichnung für herausragende Werke der zumeist europäischen und nordamerikanischen Literatur verwendet wird. Ohne die ganze Welt mit zu meinen. Interessant ist doch die Frage, weshalb jemand überhaupt Literatur als eine »Migrationsliteratur« bezeichnen möchte. Was genau versucht man damit auszudrücken?

Ich werde bei Lesungen oft gefragt, wie ich es geschafft hätte, so gut Deutsch zu lernen. Es braucht aber gar nicht so viel, um gut Deutsch zu lernen, und, ehrlich gesagt, haben gute Deutschkenntnisse nichts mit der Fähigkeit zu tun, einen guten Text zu schreiben. Die deutsche Literatur ist leider nach wie vor von der Vorstellung einer Nation geprägt und somit auch von der einseitigen Vorstellung davon, wer dieser Nation angehören darf. Den deutschen Pass zu haben reicht dafür jedenfalls nicht.

Auf dem Zettel, den meine Tochter im Kindergarten bekommen hat und auf dem ihre Deutschkenntnisse beurteilt werden, steht »nicht-deutsche Herkunftssprache« – wie bei so vielen anderen Kindern, die in diesem Land geboren worden sind. In Deutschland werden so 675 000 Kinder und damit 21,4 Prozent aller Kindergartenkinder etikettiert, in Berlin sind es sogar 31 Prozent.

Doch was sagt diese Kategorie aus? Wie wird der zugrunde liegende Test überhaupt durchgeführt und was genau wird da abgefragt? Auf dem Erhebungsbogen stand unter der Kategorie »Erste Erfahrungen mit Bild und Schriftsprache«, dass meine Tochter sich nicht wirklich für Bilderbücher interessiere – aber sagt das irgendetwas über ihre Sprachbeherrschung aus?

Ich bin Schriftstellerin, und natürlich bekommen meine Kinder von fast allen meinen Freund*innen, von denen sehr viele ebenfalls schreiben, Bücher geschenkt.

Wir haben zu Hause einige Hundert Kinderbücher auf Deutsch, Russisch, Arabisch und Englisch. Sogar einige französische und spanische Kinderbücher hatten sich zu uns verirrt, weil jemand die Illustrationen so gerne mochte – wir haben sie weiterverschenkt. Unsere Kinder hätten lieber Spielzeug, und zwar das pädagogisch nicht wertvolle. Bücher sind nichts Ungewöhnliches für sie. Auch nicht das Vorlesen. Die Kategorie »nicht-deutsche Herkunftssprache« sagt jedenfalls nichts über sie aus – genauso wenig wie über mich.

Ich könnte diesen Zettel aus dem Kindergarten eigentlich als eine hübsche Anekdote abtun, denn obwohl ich mit meiner Tochter Russisch spreche und mein Mann Arabisch, antwortet sie uns fast ausschließlich auf Deutsch. Mit ihrem Bruder spricht sie ebenfalls nur Deutsch, so wie übrigens auch ich mit meinem. Der Befund »nicht-deutsche Herkunftssprache« ist leider nicht so harmlos, wie er klingt. Er kann vielmehr schnell zu einer Diagnose werden. Als »ndH« abgekürzt, sorgt diese dann zum Beispiel dafür, dass viele Eltern ihre Kinder auf einer Schule, die einen hohen Anteil an ndH-Schüler*innen aufweist, gar nicht erst anmelden. Eine Einstellung, die mir im Kulturbetrieb oft begegnet. »Wir sind umgezogen, unser Kind sollte eingeschult werden, und an unserer Einzugsschule waren zu viele Ausländer« – solche Sätze höre ich immer wieder. Ich war übrigens auch solch eine Schülerin, auch wenn es den Begriff »ndH« damals noch nicht gab.

»NdH« ist ein gesellschaftliches Urteil: Oft werden damit Armut, »Bildungsferne« und »Halbsprachigkeit« assoziiert, denn obwohl Deutschland sich seit Neuestem als ein »Einwanderungsland« versteht, wird dieses Selbstverständnis nicht auf die Herkunftssprache ausgedehnt. Die Neuen deutschen Medienmacher, ein Zusammenschluss von Medienschaffenden mit und ohne Migrationshintergrund, bezeichnen ndH als den »Versuch, bestimmte Förderbedürfnisse zu benennen, ohne Kinder einer Herkunftsgruppe zuzuordnen. Leider verbirgt sich dahinter ein defizitorientierter Blick: In der Schuleingangsuntersuchung wird alleine der Frage nachgegangen, ob das Kind als erste Sprache Deutsch gelernt hat.«[14] Bedeutet das nicht im Klartext, dass ein monolinguales deutschsprachiges Kind automatisch als das Ideal angesehen wird? Bestimmte Formen der Mehrsprachigkeit gelten noch immer als Risiko für den Bildungserfolg – merkwürdigerweise spricht dabei aber kaum jemand auch von den Chancen, die sich nicht nur den bilingualen, sondern *allen* Kindern eröffnen. Es ist, als würde die Mehrsprachigkeit der einen die Einsprachigkeit der anderen gefährden.

Eine solche Denkweise findet sich zum Beispiel in einer Kolumne der *Berliner Zeitung* mit dem Titel »Corona: Ab wann sind Eltern systemrelevant?« Darin schreibt die Journalistin Sabine Rennefanz von einem Freund ihres Sohnes namens Özcan. »Özcan wohnt in Prenzlauer Berg«, heißt es da, »seine Mutter ist im Wedding geboren, sein Vater stammt aus der Türkei. Özcan, ein Experte für PJ Masks und Ninjago, ist das einzige türkische Kind in der Kita-Gruppe. Als er zum fünften Geburtstag meines Sohnes eingeladen war, kam er im kompletten Deutschland-Outfit der Fußballnationalmannschaft. Vielleicht dachte er, dass man das so macht, wenn man bei Deutschen eingeladen ist.« Ein wenig weiter im Text steht: »Mir fiel auf, dass ich nie darüber nachgedacht habe, was die Eltern von Özcan beruflich machen.« Und dann noch ein paar Sätze weiter geht es um die Corona-Notbetreuung in den Kindergärten und eine Zweiklassengesellschaft. Ohne dass beschrieben würde, wie die Autorin zu ihrem Wissen gekommen ist, heißt es: »Da sind die einen, die systemrelevant sind, also wichtig genug, um entlastet zu werden. Und dann sind da die anderen. Eltern von Kindern wie Özcan, die sowieso schon in der Entwicklung Jahre zurückliegen und die durch die Schließung weiter zurückgeworfen werden. Özcans Eltern leben von Hartz IV, zu

Hause wird nur Türkisch gesprochen, Deutsch hat ihr Sohn in der Kita gelernt.«[15]

Wir wissen beim Lesen der Kolumne nicht, ob die Autorin tatsächlich mit den Eltern geredet hat oder ob sie es einfach nur gut meint. Selbst wenn Özcan Deutsch in der Kita gelernt hätte, muss es nicht unbedingt das schlechtere Deutsch sein, und genauso wenig sagt die Tatsache oder eben Nicht-Tatsache seiner sozialen Herkunft irgendetwas über seine kognitiven Fähigkeiten aus. Sie taugt auch nicht als Beweis für seine vermeintlich verzögerte Entwicklung. Özcan wird letztlich alleine seines Namens wegen als »Türke« inszeniert – obwohl er in Berlin geboren ist und obwohl selbst seine Mutter eine Berlinerin ist. »Deutsche« Kinder mit anglisierten Namen – und ich meine nicht Kevin oder Chayenne, sondern Elliot oder Tilda (nicht Mathilda, sondern Tilda nach der britischen Schauspielerin und Ikone Tilda Swinton) – werden nie als »fremd« markiert. Özcan wird dagegen nicht einmal die Wahl eines Deutschland-Trikots zugestanden. Stattdessen wird sofort der Gegensatz »Deutsche« versus »Türken« bemüht. Dabei könnte man das Ganze auch ganz anders betrachten: Özcan, der deutschen Kindern in seiner Entwicklung voraus ist, weil er bereits zwei Sprachen beherrscht, hat nun genügend Zeit, um sich auf seine andere A-Sprache zu konzentrieren. Ich gehe davon aus, dass Sabine Rennefanz es mit ihrer Kolumne gut meinte. Doch die darin mitschwingenden Unterstellungen sollten in Deutschland im Jahr 2020 nicht mehr vorkommen.

Am 5. September 2020 hieß es in der Antwort des Bundesfamilienministeriums auf eine Anfrage der FDP-Bundestagsfraktion, dass es unter den 3,2 Millionen Kita-Kindern zuletzt etwa 675 000 gebe, in deren Familien nicht vorrangig Deutsch gesprochen werde.[16] Die *Tagessschau* brachte daraufhin die Meldung: »Weniger Kinder wachsen mit Deutsch auf.« Die stellvertretende FDP-Fraktionsvorsitzende Katja Suding zeigte sich sofort »besorgt« und folgte damit den üblichen Reflexen: Stets wird an den Deutschkenntnissen die Integrationsleistung gemessen. Wer angeblich die Sprache nicht beherrscht, soll auch nicht dazugehören.

Suding forderte mehr Sprachförderung in den Kitas. Doch wie soll dies funktionieren? Die Kindergärten sind personell nach wie vor chronisch unterbesetzt, und die Erzieher*innen sind weiterhin unterbezahlt. Es gibt noch nicht einmal genügend Plätze für alle anspruchsberechtigten Kinder. Viele Eltern und Erzieher*innen klagen über große Schwierigkeiten, die Kinder auch nur halbwegs angemessen zu betreuen, geschweige denn sie sprachlich zu fördern. Dabei könnte man sich in Deutschland durchaus ein besseres Bildungssystem leisten – immerhin ist Bildung unsere einzige Ressource. Doch stattdessen wird die Mehrsprachigkeit als eine Gefahr für den nationalen Frieden und die frühkindliche Entwicklung dargestellt.

Die systematische Nichtförderung hat auch viel mit unserem deutschen Selbstverständnis zu tun, das da lautet: »Wir sind ein monolinguales Land, und das ist gut so.« Die anderen haben sich gefälligst anzupassen, bei ihnen liegt die Bringschuld. Die Gastarbeiter*innen bekamen bezeichnenderweise keine Deutschkurse, denn sie waren ja nur Gäste. Um ihre Kinder kümmerte man sich in den Schulen auch nicht gerade rührend. Wenn heute über gezielte Sprachförderung diskutiert wird, habe ich oft das Gefühl, es geht gar nicht um pädagogische Ziele zum Wohle der Kinder, sondern um Demagogie und die Idee einer Leitkultur, die immer wieder aufgewärmt wird. Deutsch ist dabei die Leitsprache.

Dabei sind monolinguale Gesellschaften, historisch gesehen, eine relativ neue Erfindung. Zeitlich fällt sie mit der Gründung der Nationalstaaten zusammen. Ein Nationalstaat beruft sich auf die Idee einer homogenen Nation in bestimmten Grenzen. Wie lässt sich eine

Nation definieren? Was zeichnet sie aus? Was eine Gesellschaft einen könnte, ist Sprache: Eine homogene Nation braucht also eine homogene Sprache. Für den Politikwissenschaftler Benedict Anderson ist Nation aber letztlich immer nur eine Vorstellung, eine »imagined community«.[17] Die Mitglieder dieser politischen Gemeinschaft kennen sich Anderson zufolge nicht, zumindest ist ihnen nicht die ganze Gemeinschaft bekannt, und dennoch gehören sie in ihrer Vorstellung einer Schicksalsgemeinschaft an, einer Nation, geeint durch Sprache und Grenzen. Die gesellschaftliche Wirklichkeit hat damit jedoch kaum etwas zu tun, selbst wenn dies immer wieder suggeriert wird.

In Europa hatte bis ins 14. Jahrhundert hinein Latein eine Vorrangstellung, die jeden Nationalismus und auch die Frage der Zugehörigkeit unterdrückte. Dann änderten sich die Dinge: In Frankreich ersetzte das Französisch bereits 1539 Latein als Kanzleisprache. 1635 wurde die Académie française gegründet, die das Ziel der Vereinheitlichung und der Pflege der französischen Sprache verfolgte. Französisch avancierte unterdessen zur Lingua franca des europäischen Adels, während Frankreich zur Kolonialmacht aufstieg und die Sprache damit weiter verbreitete. In Russland wiederum wurde nach dem Vorbild der Académie française zwischen 1789 und

1794 ein sechsbändiges Wörterbuch der russischen Sprache herausgegeben, dem 1802 eine offizielle Grammatik folgte.[18]

Auch die deutsche Sprache wurde nach und nach genormt, ähnlich wie das Französische oder das Italienische. Einen wichtigen Beitrag leistete Martin Luther mit seiner Übersetzung des *Neuen Testaments*, die er im September 1522 abschloss. Hier tauchte auch zum ersten Mal das Wort »Muttersprache« im Deutschen auf. Danach wurden immer wieder Handbücher und Grammatiken zur deutschen Sprache veröffentlicht. Kanzleisprachen bildeten sich heraus. Als das Deutsche Reich 1871 gegründet wurde, gab es eine Fülle von deutschen Dialekten. Eine einheitliche Sprachvariante schien damals eine gute Möglichkeit zu sein, das Land zu einen, zumal auch eine überwiegend polnisch-, eine teils dänisch- und eine französischsprachige Provinz eingegliedert wurden. Für das Projekt Deutschland musste eine Nationalsprache erfunden werden. Eine gemeinsame Sprache suggerierte eine einheitliche Kultur, und diese konnte der Nation wiederum als Legitimation dienen. Eine Nation wurde dabei als eine biologische Einheit gedacht, und eine gemeinsame deutsche Sprache sollte diese Behauptung unterstreichen. Die sächsische Kanzleisprache entwickelte sich schließlich zum Standarddeutsch, wobei die Standardisierung vor allem die geschriebene Sprache betraf. Im Jahr 1880 veröffentlichte Konrad Duden schließlich das *Orthographische Wörterbuch der deutschen Sprache*. 1898 erschien Theodor Siebs *Deutsche Bühnensprache*. Das Bühnendeutsch trug schließlich dazu bei, auch die Aussprache der deutschen Sprache zu vereinheitlichen.

All diese Entwicklungen führten nach und nach dazu, dass sich in Europa die Überzeugung durchsetzte, Sprachen würden einer besonderen Gruppe gehören und nur dieser. Sie wären das geistige Eigentum der Menschen, die sie sprechen und lesen und in die sie »hineingeboren« werden.[19]

Deutsche Gelehrte wie Johann Gottfried Herder, Wilhelm von Humboldt und Friedrich Schleiermacher vertraten schon im späten 18. und frühen 19. Jahrhundert die Ansicht, der Mensch könne nur in einer Sprache »richtig« denken und sich ausdrücken.[20] Von Herder stammt der berüchtigte Satz: »Wer in derselben Sprache erzogen ward, wer sein Herz in sie schütten, seine Seele in ihr ausdrücken lernte, der gehört zum Volk dieser Sprache.«[21] Damit stellt Herder gleich zwei Prämissen auf, die bis heute nichts von ihrer Relevanz in der Debatte um Mehrsprachigkeit in Deutschland verloren haben: Der Mensch kann nur eine einzige Sprache haben, und

Außenstehende werden diese Sprache niemals gänzlich erfassen können. Auch der Begriff »Sprachgefühl« geht übrigens auf Herder zurück.[22]

Noch heute gibt es die Vorstellung, dass jemand nur dann deutscher Muttersprachler sein kann, wenn er Christine, Sebastian, Annika, Mathilda, Frank oder Sabine heißt – und außerdem weiß ist. Leuten mit Namen wie Özlem, Tatjana, Mohammed oder Sibel werden diese Sprachkenntnisse nicht zugetraut, selbst wenn sie in Deutschland geboren und monolingual deutschsprachig aufgewachsen sind. Richard Wagner schrieb in seiner antisemitischen Schrift *Das Judenthum in der Musik* von 1869: »In einer fremden Sprache wahrhaft zu dichten, ist nun bisher selbst den größten Genies noch unmöglich gewesen.«[23] Und der schon erwähnte Philosoph und Theologe Schleiermacher behauptete in seiner 1813 gehaltenen Akademierede »Über die verschiedenen Methoden des Übersetzens«, dass jeder Schriftsteller sein Werk nur in seiner Muttersprache verfassen könne. Der Begriff »Muttersprache«, eines der deutschesten Wörter überhaupt, impliziert hier wieder, dass man nur eine richtige, wahre Sprache haben kann, so wie man eine Mutter hat.

Die Muttersprache wurde allmählich als etwas »Natürliches« hingestellt, die Kultur wiederum als etwas Biologisches und Angeborenes. Demnach wird man in eine und nur in *eine* Sprache hineingeboren und somit auch in eine Nation, die sich Blut und Boden teilt. So hielten Begriffe wie »Vaterland« und »Muttersprache« Einzug in die deutsche Sprache, die eine enge Verwandtschaft zu einer äußerst abstrakten Angelegenheit behaupten.

Auch der Begriff »Heimat« erfuhr eine Konjunktur. All diese Begriffe sind, wie wir heute wissen, keineswegs harmlos, sondern Ausdruck eines ethnischen Nationalismus. Sprachen wurden letztlich zu exklusiven Kennzeichen der einzelnen Nationen.

Nationale Dichtungen haben zu dieser Entwicklung einen großen Teil beigetragen. Nationalhymnen stellen nicht selten ihre Krönung dar. So wird gleich in der ersten Strophe der deutschen Nationalhymne – »Einigkeit und Recht und Freiheit für das deutsche Vaterland!« – das Verwandtschaftsverhältnis beschworen. Der Text der Hymne ist die dritte Strophe des Gedichts »Das Lied der Deutschen«, geschrieben von August Heinrich Hoffmann im Jahr 1841. In dessen erster Strophe, die von den Nationalsozialisten gesungen wurde und mittlerweile verboten ist, hieß es noch »Deutschland, Deutschland über alles // über alles in der Welt«.

Dass der langjährige deutsche Fußballnationalspieler Mesut Özil die Nationalhymne nicht mitsang, brachte ihm immer wieder scharfe Kritik ein. »Wenn er zu seinem Land, Deutschland, steht, dann muss er auch die Hymne mitsingen«, hieß es zum Beispiel.[24] Eine letztlich extrem vorausschaubare Äußerung.

In einer Fußnote von *Die Einsprachigkeit des Anderen* beschreibt Jacques Derrida, wie Hannah Arendt in einem Fernsehinterview versucht, die Frage nach ihrer Bindung zur deutschen Sprache zu beantworten: »Hat sie das amerikanische Exil überlebt, ihre Lehrtätigkeit und ihre Publikationen im Angloamerikanischen und ›auch in der bittersten Zeit‹? ›Immer‹ antwortet sie ohne Ausweichen und Zögern. ›(...) Immer. Ich hatte mir gedacht, was soll man denn machen? Es ist ja nicht die deutsche Sprache gewesen, die verrückt geworden ist. Und zweitens: Es gibt keinen Ersatz für die Muttersprache.‹«[25] Derrida widerspricht Arendt und gibt zu bedenken, dass auch eine Mutter durchaus verrückt werden könne.

Die Einsprachigkeit machte natürlich auch vieles einfacher, der staatliche Apparat, die Bürokratie profitierten enorm. Forscher*innen wie David Gramling betonen jedoch, dass die Einsprachigkeit darüber hinaus zum grundlegenden Katalysator der europäischen Aufklärung wurde, der Massenalphabetisierung und zum Medium von Bevölkerungen, die ihre Regierungen und

Gesetze verstehen können wollten.[26] Die Einsprachigkeit diente somit der Optimierung des sozialen, kulturellen und staatlichen Lebens und beschleunigte diese.

Das Paradigma der staatlich geförderten Einsprachigkeit hat bis heute überlebt: In ihrem wegweisenden Buch *Beyond Mother Tongue* kritisiert Yasemin Yildiz das 2002 entstandene Kunstwerk »Wordsearch« der deutschen Künstlerin Karin Sander. Diese hatte 250 Menschen aus New York, die sie in Geschäften, Parks, Restaurants und Cafés angesprochen hatte, gebeten, ein Wort in ihrer Muttersprache aufzuschreiben, jede und jeder von ihnen in einer jeweils anderen Sprache. Die 250 Personen repräsentierten also 250 verschiedene Sprachen. Die von ihnen genannten Begriffe wurden dann in die anderen 249 Sprachen übersetzt, sodass sich daraus eine Wortkette mit insgesamt 62 500 Begriffen ergab. Sanders Werk entstand im Rahmen der Kunstreihe »Moment« der Deutschen Bank und wurde im Börsenteil der *New York Times* abgedruckt. Sander selbst verstand ihre Arbeit als »translinguistische Skulptur«, die dazu animieren sollte, die »eigene Sprache und Kultur unter dem New Yorker Völkergemisch zu finden«.[27]

Yildiz findet es bemerkenswert, dass Sander sich für ihr Projekt ausgerechnet New York ausgesucht hat und nicht etwa Frankfurt am Main, eine der multikulturellsten Städte Deutschlands und zudem Sitz der Deutschen Bank. »Die Verdrängung der Mehrsprachigkeit außerhalb Deutschlands«, so Yildiz' Deutung, »bietet eine sichere Distanz, um Unterschiede und innere Heterogenität zu genießen, ohne sie zu Hause anzuerkennen.«[28] Die dahinterstehende Haltung lautet demnach: Pluralismus ja, aber bitte nicht in Deutschland.

Die Sprach- und Kulturwissenschaftler Jan Blommaert und Jef Verschueren sprechen vom »Dogma der Homogenie«: Unterschiede innerhalb einer Gesellschaft werden als gefährlich und zersetzend betrachtet, während eine »gute« Gesellschaft keinerlei Unterschiede zwischen den einzelnen Gruppen kennt. Die ideale Gesellschaft wäre demnach eine monolinguale, monoethnische, monoreligiöse und monoideologische. Die Homogenie spielt laut Blommaert und Verschueren beim Nationalismus eine große Rolle, denn hier gehe es darum, eine Gesellschaft so »rein« und homogen wie nur möglich zu halten.[29] Daran klammert sich auch die Idee der deutschen Leitkultur. Hier soll eine vermeintlich homogene Kultur und vor allem eine homogene Sprache kitten, was schon längst nicht mehr zusammengehört.

Zwar tun sich deutsche Politiker*innen schwer damit festzulegen, was oder wer genau zu der viel beschworenen Leitkultur gehören soll, doch eines fehlt nie:

die deutsche Sprache. 2017 definierte der damalige Bundesinnenminister Thomas de Maizière in einem Beitrag für die *ZEIT* seine Vorstellung von Leitkultur unter anderem so: »Wir sprechen dieselbe Sprache, unsere Amtssprache ist Deutsch.« Darüber hinaus schrieb er die folgenden Zeilen, die spätestens mit der Corona-Pandemie seltsam anachronistisch geworden sind: »Wir geben uns zur Begrüßung die Hand. Bei Demonstrationen haben wir ein Vermummungsverbot. ›Gesicht zeigen‹ – das ist Ausdruck unseres demokratischen Miteinanders. Im Alltag ist es für uns von Bedeutung, ob wir bei unseren Gesprächspartnern in ein freundliches oder ein trauriges Gesicht blicken. Wir sind eine offene Gesellschaft. Wir zeigen unser Gesicht. Wir sind nicht Burka.«[30] Drei Jahre später gingen die Corona-Leugner genau dafür auf die Straße und versuchten den Reichstag zu stürmen.

Im Jahr 2014 forderte die CSU gar in einem Leitantrag: »Wer dauerhaft hier leben will, soll dazu angehalten werden, im öffentlichen Raum und in der Familie Deutsch zu sprechen.«[31] Das ist natürlich besonders perfide, da es eine politische Forderung ist, die sich kaum durchsetzen oder überprüfen lässt, gleichzeitig aber ein eindeutiges Signal an die Wählerschaft sendet: Hier haben sie jemanden, der ihre nationalen Interessen schützt und durchsetzt. Aber wie muss man sich das vorstellen?

In Form von Überwachung der Nachbarn? Oder von Denunziationen, falls jemandem auf dem Klo ein russischer Fluch herausrutscht?

Nicht verwunderlich ist, dass auch die AfD sich für den Erhalt der deutschen Sprache einsetzt. In ihrem Grundsatzprogramm für Deutschland, das ironischerweise auch auf Englisch, Französisch, Spanisch, Russisch, Tschechisch und Ungarisch veröffentlicht wurde, finden sich folgende Sätze: »Unsere Kultur ist untrennbar verbunden mit der über Jahrhunderte gewachsenen deutschen Sprache. (...) Das Band der Sprache ist im allgemeinen Bewusstsein zu halten und zu schützen. Als zentrales Element deutscher Identität muss die deutsche Sprache dem Vorbild vieler anderer Länder folgend als Staatssprache im Grundgesetz festgeschrieben werden.«[32] Das hält die AfD übrigens nicht davon ab, Wahlkampf auch auf Russisch zu machen. In Wuppertal war sich die Organisation »Russland-Deutsche in der AfD« nicht zu schade, bei einer Wahlkampfveranstaltung einen Stand mit russischen Lebensmitteln aufzubauen. Ob das zu der deutschen Leitkultur passt, sei dahingestellt.

Viele Menschen in Deutschland sind irritiert, wenn sie hören, dass jemand mit Akzent spricht oder von der Standardsprache abweicht. Manche von ihnen werden dann ungeduldig, beleidigend oder aggressiv. Als Kind wurde ich wegen meiner mangelnden Sprachkenntnisse belächelt. Heute würde ich eher gemobbt sagen. Auch meine Eltern wurden oft gedemütigt. Einmal schrie sie ein Schaffner im ICE an, sie säßen in der 1. Klasse und sollten sich zum Teufel scheren. Dabei hatten sie sehr wohl Fahrkarten für die 1. Klasse – Spartickets zwar, aber immerhin. Immer wieder kam es auch vor, dass sich Klavierschüler*innen nicht von meiner Mutter unterrichten lassen wollten, weil sie mit einem Akzent spricht – als ob man Klavier mit einem Akzent spielen könnte. Als mein Mann 2013 sein Visum in Deutschland verlängern wollte, wurde er von der zuständigen Beamtin angeblafft, er solle gefälligst Deutsch lernen. Dabei befand er sich gerade mal seit zehn Tagen als Tourist im Land und hatte damals vor, es auch so schnell wie möglich wieder zu verlassen.

Verena Pooth, eine beeindruckende Frau, die vor allem durch Werbeverträge und eine sehr kurze Ehe mit einem viel älteren Schlagersänger bekannt wurde, lebt seit ihrem ersten Lebensjahr in Deutschland. Als sie in den 1990er-Jahren noch unter ihrem Mädchennamen Verona Feldbusch im Fernsehen auftrat, machte sie kleine grammatikalische Fehler zu ihrem Markenzeichen. Einer ihrer berühmten Werbeslogans lautete: »Da werden Sie geholfen.« Als Verona Pooth von einem Tag auf den anderen plötzlich in komplexen und grammatikalisch völlig richtigen Sätzen sprach, hat sich in Deutschland niemand gewundert, und das ist wiederum genauso verwunderlich wie entlarvend.

Letztens war ich dabei, als unsere Nachbarin eine andere Nachbarin, die in gebrochenem Deutsch nach einem Paket fragte, mit »Wir sind hier in Deutschland!« anschrie. »Wir sind hier in Deutschland!« ist für unsere Nachbarin ein Imperativ, und obwohl sie wahrscheinlich noch nie von den Sprechakttheorien John Austins oder Judith Butlers gehört hatte, wusste sie ganz genau, was sie durch ihre Aussage »Wir sind hier in Deutschland!« einforderte: Die andere Frau hätte ihr gegenüber demnach die Verpflichtung gehabt, akzentfrei Deutsch zu sprechen. Oder noch genauer: Die andere Frau hatte eigentlich gar kein Recht, ihr gegenüber in diesem Flur zu stehen. Unsere Nachbarin ist übrigens eine sehr umgängliche Frau, die »nichts gegen Ausländer« hat.

Tatsächlich hat sie nicht unrecht: In Deutschland gelten bestimmte Sprachanforderungen für den Zuzug, den Aufenthalt und die Einbürgerung. Ehegatten, die keine EU-Bürger sind, müssen grundsätzlich vor der Einreise nachweisen, dass sie zumindest über »einfache« Deutschkenntnisse verfügen.[33] Aber kann man nur dann ein guter Ehemann oder eine gute Ehefrau sein, wenn man Deutsch auf einem bestimmten Niveau spricht? Weshalb ist die Möglichkeit, die Staatsbürgerschaft zu erlangen, an nachgewiesene »mündliche und schriftliche deutsche Sprachkenntnisse auf dem Niveau B 1 des Gemeinsamen europäischen Referenzrahmens für Sprachen« gekoppelt?[34] Diese sprachlichen Anforderungen müssen jedoch längst nicht alle erfüllen: Für die Zugezogenen aus anderen EU-Staaten gelten sie nicht und auch nicht »bei erkennbar geringem Integrationsbedarf«, das heißt in der Regel, wenn der nachziehende Ehepartner einen Hochschulabschluss besitzt. Generell gilt: »Die Deutschkenntnisse sollen es dem nachziehenden Ehepartner leichter machen, von Anfang an am gesellschaftlichen Leben in Deutschland teilnehmen zu können.«[35] Mir war nicht bewusst, dass an den ausländischen Universitäten das Fach »Einführung in das gesellschaftliche Leben in Deutschland« gelehrt wird. Natürlich ist Deutschland nicht allein mit solchen Anforderungen. Auch in der kanadischen Provinz Québec müssen Migranten, die sich dort niederlassen wollen, Französischkenntnisse nachweisen.

Solche Regelungen sollen den Migrant*innen nahelegen, dass das Erlernen der deutschen Sprache in ihrem Interesse liege. Zugleich wird der Mehrheitsgesellschaft suggeriert, dass man die deutsche Sprache und die Nation in ihrer Homogenität schütze. Der CDU-Politiker Jens Spahn erklärte 2017 in einem Interview mit der *Neuen Osnabrücker Zeitung*: »Mir geht es (...) zunehmend auf den Zwirn, dass in manchen Berliner Restaurants die Bedienung nur Englisch spricht. Auf so eine Schnapsidee käme in Paris sicher niemand.« Seine Schlussfolgerung daraus: »Wir sollten international und europäisch das Sprechen und das Erlernen der deutschen Sprache weiter befördern.«[36] Leider versäumte es die Journalistin, Spahn zu fragen, ob er in Paris auf Französisch oder Englisch bestellt oder auf Deutsch, um die Deutschkenntnisse der Pariser*innen zu verbessern. Dennoch ist es bezeichnend, dass Spahn das Beherrschen der deutschen Sprache weltweit, innerhalb und außerhalb der deutschen Grenzen, propagiert.

Selbst die deutsche Arbeitsagentur sieht es ähnlich. In den Informationen zur Beschäftigung eines Au-pairs für die Gasteltern findet sich der folgende Passus: »Die Beschäftigung darf grundsätzlich nur in einer Familie erfolgen, in der Deutsch als Muttersprache gesprochen wird und ein erwachsenes Familienmitglied die deutsche Staatsangehörigkeit bzw. die Staatsangehörigkeit eines EU-/EWR-Staates oder der Schweiz hat. Wird in der Familie Deutsch als Familiensprache gesprochen, kann die Zustimmung erteilt werden, wenn der oder die Beschäftigte nicht aus einem Heimatland der Gasteltern stammt.«[37] Meine Familie fällt da also schon mal raus, weil wir gleich mehrere Bedingungen nicht erfüllen. Weshalb darf ich nicht eine*n Au-pair beschäftigen, der oder die Russisch spricht? Wem würde dies schaden? Wobei: Jemanden, der Russisch spricht, dürfte ich wohl doch beschäftigen, nur eben niemanden aus Aserbaidschan – und auch nur, sofern wir ab sofort miteinander ausschließlich auf Deutsch kommunizieren.

Jedes Mal, wenn ich mich in den Räumen der Berliner Ausländerbehörde wiederfand, war ich irritiert. Während fast überall in Berlin die Angestellten der Behörden Englisch sprechen oder es zumindest versuchen, wie etwa im Bürgeramt Sonnenallee oder in der Neuköllner Elterngeldstelle, waren in der Ausländerbehörde vor allem Beamt*innen im Einsatz, die ausschließlich Deutsch sprachen. Die Leute vom dortigen Wachpersonal beherrschten dagegen eine beeindruckende Anzahl von Sprachen – Arabisch, Türkisch, Kurdisch, Russisch, Farsi, all die Sprachen, die für die Kommunikation in diesen Räumen von Belang waren. Der Einsatz von monolingualen Beamt*innen war nicht nur für die »Kundschaft« und den Wachdienst frustrierend, sondern auch für die Beamt*innen selbst, die sich nicht mit den

Antragstellenden verständigen konnten. All dies diente der Machtdemonstration, denn die neu zugewanderten Menschen konnten die Beamt*innen nicht verstehen, nicht mit ihnen kommunizieren, ihnen keine Fragen stellen oder sich bei ihnen beschweren. Sie erfuhren auch nichts über ihre Rechte und wie sie diese geltend machen konnten. Das Ganze war im Grunde das politische Signal an die neu angekommenen Menschen: Hier wird euch nichts geschenkt werden. Gewöhnt euch schon einmal daran.

Im Sommer 2016 musste ich in Istanbul meine Aufenthaltsgenehmigung für die Türkei verlängern. Ich hatte damals ein mehrmonatiges Aufenthaltsstipendium in der Villa-Tarabya, und mein Visum lief aus. Am Empfang der zuständigen Behörde saß eine junge Frau, die fließend fünf Sprachen sprach und sich mit einem jungen Mann abwechselte, der fünf andere Fremdsprachen beherrschte. Sie gab uns die richtigen Formulare und begleitete uns zu dem Beamten, wo sie für uns dolmetschte. Dieser Luxus steht dort nicht nur den Expats zur Verfügung, sondern allen. Der Gegensatz zu Berlin hat mich zutiefst erschüttert. Dazu zählten übrigens auch die Klimaanlage, die bequemen Sessel, der Stillraum und die Behindertentoilette der türkischen Behörde – alles Annehmlichkeiten, von denen man in der Berliner Ausländerbehörde nur träumen kann. Eine hessische Ausländerbehörde hat es jedoch einmal geschafft, meine Staatsbürgerschaft aus dem Computer zu löschen. Ich musste dann eigens mehrere hundert Kilometer weit anreisen, um zu beweisen, dass ich »deutsch« bin.

In den deutschen Behörden läuft, von übersetzten Formularen abgesehen, fast alles monolingual ab. Natürlich ist nicht nur die Einsprachigkeit der Beamt*innen ein Problem. Auch die langen Wartezeiten, die die Antragsstellenden über sich ergehen lassen müssen, sind zermürbend. Vor drei Jahren musste man bereits morgens um 3 Uhr den Platz in der Schlange bei der Berliner Ausländerbehörde eingenommen haben – oder am nächsten Tag wiederkommen. Ich war in diesem Gebäude sehr oft den Tränen nahe. Einmal habe ich dort von 8 Uhr morgens bis 18 Uhr gewartet, ohne eine Auskunft und ohne die Möglichkeit, den Ort wenigstens für eine halbe Stunde zu verlassen, denn meine Wartenummer hätte ja in meiner Abwesenheit aufgerufen werden können, und dann hätte ich am nächsten Tag wiederkommen müssen.

In den Abteilungen für die Migrant*innen aus den USA, Nordamerika, Australien, Neuseeland oder Israel herrschte im Vergleich dazu gähnende Leere.

Beim Jobcenter in Berlin wird man übrigens sogar

dazu aufgefordert, selbst für jemanden zu sorgen, der dolmetscht. Die Qualität der Übersetzung scheint keine Rolle zu spielen, und dabei geht es dort um sprachliche Feinheiten und ganze Existenzen. Diese scheinen dem deutschen Staat jedoch nicht so viel wert zu sein, als dass er jemanden zum Dolmetschen bereitstellte.

Umso erstaunter war ich, als ich im Winter 2018 in den Berliner U-Bahn-Stationen mehrsprachige Plakate mit dem Slogan »Dein Land! Deine Zukunft!« entdeckte. Sie warben auf Deutsch, Russisch, Arabisch, Farsi, Englisch, Französisch und Paschtu. An wen richteten sie sich? Während ich zusammen mit meinen Kindern diese Plakate betrachtete, versuchte meine Tochter einzelne Buchstaben zu entziffern, auf Deutsch, Kyrillisch und Arabisch. In dem Moment wünschte ich mir, dass meine Tochter sich mit dem Lesenlernen noch ein wenig Zeit ließe – die Plakate warben nämlich für die freiwillige Ausreise. Doch sie machten auch eines deutlich: Wenn man in der Lage war, sie zu lesen, gehörte man nicht zu Deutschland. Man stand dann unter einem Generalverdacht. Sind Sie legal hier? Haben Sie das Recht, hier zu sein? Sind Sie sich sicher? Woher kommen Sie? Wann gehen Sie zurück? Sie verstehen, das Plakat, das wir extra für Sie aufgehängt haben – Sie gehören nicht dazu. Gewiss nicht.

In dem Roman *Das Mädchen vom Goldenen Horn* von Kurban Said heißt es: »Ja, er hatte seine Tochter gut erzogen. Sie sprach Türkisch – die Sprache der Ahnen, sie sprach Arabisch – die Sprache Gottes, und sie sprach Persisch – die Sprache der Liebe.«[38] Und im Talmud findet sich die Stelle: »Vier Sprachen sind es wert, dass man sie auf der Welt gebraucht: Griechisch für den Gesang, Latein für den Krieg, Syrisch für die Klage und Hebräisch für die gewöhnliche Rede.«[39] In Deutschland wird dagegen immer wieder so getan, als lebten wir in einer monolingualen Gesellschaft und als sei das auch die einzig vorstellbare Lebensweise. Dabei ist die Einsprachigkeit nicht »natürlich«, sondern ein gesellschaftliches Konstrukt, das die gegenwärtigen Machtstrukturen widerspiegelt und auch zu ihrer Erhaltung beiträgt. Einsprachigkeit als Norm dient letztlich dazu, eine bestimmte gesellschaftliche Normalität zu etablieren und aufrechtzuerhalten.

In Deutschland existiert eine Hierarchisierung der Sprachen. Es gibt die guten und die falschen Sprachen – genauso wie es Migrant*innen und Expats gibt. Über die Migrant*innen meinen wir vieles zu wissen: Das sind die anderen, die Flüchtlinge, die Ausländer*innen, die Gastarbeiter*innen, die Wirtschaftsflüchtlinge. Die Expats dagegen sind all jene mit europäischen, nordamerikanischen, neuseeländischen oder australischen Pässen, die aus wirtschaftlichen Gründen in ein anderes Land migrieren. Auffällig ist dabei, dass Letztere trotzdem nicht als »Wirtschaftsflüchtlinge« bezeichnet werden, nicht einmal in Asien und in den arabischen Emiraten, wohin es sie wegen der günstigen Steuern und hohen Löhne gern verschlägt. Wo sie auch nur in den seltensten Fällen den Versuch unternehmen, sich irgendwie zu »integrieren«. Es wird ja auch nicht von ihnen verlangt, und, ehrlich gesagt, ist es alleine ihre Sache, ob sie es tun oder sein lassen.

Auch im deutschen Unterhaltungsfernsehen, wie etwa in der Sendung *Goodbye Deutschland*, die auf VOX läuft und deutsche Staatsbürger*innen porträtiert, die sich ein neues Leben im Ausland aufbauen, wird die sprachliche Integration kaum thematisiert. Außer vielleicht in dem Beitrag mit dem Titel »Stella kann besser Englisch als ihre Mutter«.[40] Stellas Mutter, eine Einwanderin aus Halle, findet es »lustig«, dass ihre Tochter nach dem Besuch einer Schule in Florida besser Englisch spricht als sie. Angeblich »perfekt«, nach »nur einem Monat«. Özcan kann davon nur träumen.

Der französische Soziologe Pierre Bourdieu verstand unter »Habitus« »ein soziales Verhaltensmuster, das, durch Sozialisation erworben, den spezifischen Lebensstil von Individuen und sozialen Gruppen strukturiert«.[41] Mehr noch, der Habitus prägt und definiert diese sogar. Fremdsprachen gehören ganz klar zum Habitus bestimmter sozialer Gruppen. Das taten sie schon immer – seien es die Französischkenntnisse der russischen Adligen oder das Latein und Altgriechisch der deutschen Bildungsbürger. Heute werden sehr gute Englischkenntnisse häufig mit Bildung, hohem sozialen Prestige und Weltläufigkeit in Verbindung gebracht. Dasselbe gilt auch für andere europäische Sprachen, genauer, für die indogermanischen und die romanischen Sprachfamilien, wobei es auch innerhalb dieser Familien deutliche Abstufungen gibt. Das höchste Ansehen genießen die Prestigesprachen Englisch und Französisch, das niedrigste vermutlich Arabisch und Türkisch. Der Mehrheitssprache Deutsch wird in Deutschland natürlich generell ein höherer Wert zugesprochen als den sogenannten *heritage languages*, die

die Menschen mit Migrationsgeschichte mitbringen. Die Wertschätzung bestimmter Sprachen in Abgrenzung zu anderen wird zur gesellschaftlichen Norm. Zu Normen müssen sich allerdings alle irgendwie verhalten. Normen prägen uns, unsere Beziehungen zur Umwelt und auch unser Selbstverständnis.

Gute Deutschkenntnisse sind für Menschen, die in diesem Land leben, wichtig, doch sie alleine machen uns nicht zu glücklichen und erfolgreichen Menschen. Die Hierarchisierung der Sprachen wiederum konstruiert Differenzen und sorgt so für Ausgrenzung. Hierzulande flammen immer wieder politische Diskussionen um die Mehrsprachigkeit auf, und fast immer werden dabei multilinguale Kinder, die eine außereuropäische Sprache sprechen, an den Pranger gestellt. Manchmal geht es um den vermeintlichen Mangel an Integrationswillen und manchmal um das Vorurteil, die Kinder, die solche Sprachen beherrschten, würden nicht richtig Deutsch sprechen. Der Begriff der »Halbsprachigkeit« fällt in diesem Zusammenhang immer wieder, obwohl er wissenschaftlich nicht haltbar ist.[42]

Das Konzept der »Halbsprachigkeit« sieht genau wie das der nicht-deutschen Muttersprache die Mehrsprachigkeit, das Andere, stets als einen Makel an. Zudem werden hier diejenigen, die diese Sprachen sprechen, mit den Augen monolingualer Personen betrachtet. Allein, wenn jemandem eine bestimmte Vokabel oder gewisse grammatikalische Strukturen fehlen, heißt das noch lange nicht, dass sie ihm auch in der anderen Sprache fehlen. Kinder, die nicht in Russland, der Türkei oder in Syrien aufwachsen, sondern in Deutschland, durchlaufen das deutsche Bildungssystem. Natürlich unterscheidet sich aufgrund der Lerninhalte ihr deutscher Wortschatz von dem, den sie von zu Hause auf Russisch, Vietnamesisch oder Arabisch kennen. Was sollte daran so schlimm sein? Von Kindern, die Englisch oder Spanisch in der Schule lernen, werden dagegen keine dolmetscherreifen Leistungen erwartet. Es werden also unterschiedliche Maßstäbe angelegt und zur Norm erhoben.

Ein anderes Beispiel, auch wenn es sich hier nicht um ein Kind handelt, sondern um einen Erwachsenen: Prince Charles, dem man keine unterprivilegierte Herkunft nachsagen kann, hielt am 15. November 2020 im Bundestag eine Rede. Manche Passagen trug er auf Englisch, andere auf Deutsch vor. Von »Halbsprachigkeit« war in den Medien nicht die Rede. Die Schlagzeile des *Spiegel* lautete: »Prinz Charles hält Bundestagsrede auf Deutsch«.[43]

Auf der anderen Seite ist es auch wichtig zu betonen, dass die Einsprachigkeit an sich keinen Makel bedeutet, und oft genug wird Menschen, die Namen wie Kübra, Ersan, Diego oder Swetlana tragen, mit Unverständnis begegnet, wenn *ausgerechnet sie* sich als monolingual entpuppen.

Im Jahr 2017 forderte die AFD-Fraktion im baden-württembergischen Landtag in einem Antrag, Deutsch als verbindliche Umgangssprache an den Schulen einzuführen. 2018 wiederum brachte die *BILD* eine bezeichnende Schlagzeile: »Berliner Rektorin klagt: Nur 1 von 103 Kindern spricht zu Hause deutsch«. Die Frau, die eine Neuköllner Grundschule leitete, behauptete zudem: »Wir sind arabisiert.«[44] Sie selber sprach kein Arabisch, nicht mal einen arabischen Dialekt – und wäre dies nicht die Mindestanforderung an eine Arabisierung? Meine Tochter ist übrigens solch ein Kind, das zu Hause kein Deutsch spricht, wohnhaft im selben Bezirk.

Der CDU-Politiker Carsten Linnemann, ein Mann, der als Stellvertretender Vorsitzender der Unionsfraktion im Bundestag und Vorsitzender der Wirtschaftsunion über einigen Einfluss verfügt, sorgte im Sommer 2019 für heftige Diskussionen, als er gegenüber einer Zeitung sagte : »Ein Kind, das kaum Deutsch spricht und versteht, hat auf einer Grundschule noch nichts zu suchen.«[45] Außerdem äußerte er die Befürchtung, es könnten sich neue »Parallelgesellschaften« herausbilden.

Man kann getrost davon ausgehen, dass Linnemann dabei keine *gated community* von Englisch sprechenden Kindern im Sinn hatte und dass seine Kritik nicht den zahlreichen privaten bilingualen Schulen galt, die sich in fast allen Großstädten gerade vor Bewerbungen kaum retten können. Stattdessen beschwor er das gängige rechtspopulistische Narrativ der »Parallelgesellschaften«, leider ohne von Förderung zu sprechen.

In der *Frankfurter Allgemeinen Sonntagszeitung* vom 26. Juli 2020 veröffentlichte schließlich auch der Journalist Rüdiger Soldt einen Artikel mit dem bezeichnenden Titel »Deutschpflicht«. Darin geht es um eine Schülerin, die gegen die Auflage ihrer Schule, auf dem Schulhof Deutsch zu sprechen, verstoßen hatte und daraufhin eine Strafarbeit bekam. Die Eltern sahen darin eine Diskriminierung ihrer Tochter, der Autor aber schlussfolgerte, dass »ein babylonisches Sprachengewirr (...) Missgunst und Misstrauen« hervorbrächte.[46] Ich lehne mich so weit aus dem Fenster zu behaupten, dass der Artikel nicht geschrieben worden wäre, hätte die Schülerin Französisch gesprochen. Türkisch dagegen wird diskreditiert, wenn auch vielleicht nicht bewusst. Dennoch findet hier eine Abwertung der Herkunftssprache statt – und das auch noch in einem privaten Moment, nämlich beim Spielen und Sprechen während einer Unterrichtspause.

Man könnte in diesem Zusammenhang auch vom »Linguizismus« sprechen – einer spezifischen Form des Rassismus, bei der Menschen, die eine bestimmte Sprache oder einen bestimmten Dialekt sprechen, diskriminiert werden, wie etwa Kurd*innen in der Türkei. Schon während der Kolonialzeit wurden Sprachen herangezogen, um die Unterlegenheit der Einheimischen zu begründen. Ihre Sprachen wurden als »primitiv« abgewertet, im Gegensatz zu den »komplexeren« westlichen Sprachen.

Dabei gibt es genügend historische Beispiele, die zeigen, dass es keine gute Idee ist, Kindern eine bestimmte Sprache in den Schulen zu verbieten: Walisischen Kindern war es im 19. Jahrhundert untersagt, in der Schule Walisisch zu sprechen. Taten sie es dennoch, wurde ihnen ein Holzstück mit der Aufschrift »Welsh not« um den Hals gehängt. Das Kind sollte sich schämen und wurde darüber hinaus oft für sein Vergehen körperlich gezüchtigt. Walisisch stand für Dummheit, Promiskuität und unartiges Verhalten – zumindest in den Augen des britischen Imperiums. Die Kinder sollten daher Englisch sprechen und nur Englisch. Auf ähnliche Weise wurden auch in manchen britischen Kolonien die Kinder gelobt, wenn sie Englisch sprachen, und bestraft, wenn sie ihre Muttersprachen verwendeten. Das ist letztlich die Tradition, in die man die Verfechter der ausschließlichen Verwendung des Deutschen auf dem Schulhof einordnen könnte.

Im niederländischen Rotterdam versuchte die rechte Politikerin Rita Verdonk, auch »Eiserne Rita« genannt, 2006 den »Rotterdam-Code« einzuführen: Die Einwohner*innen der Stadt sollten angehalten werden, auf den Straßen und möglichst zu Hause Niederländisch zu sprechen.[47] Als Begründung gab Verdonk an, sie bekomme immer mehr E-Mails von Menschen, die sich auf den Straßen »unheimisch« fühlen würden. Das Wort »unheimisch« existiert nicht auf Niederländisch – Verdonk entlehnte es aus dem Deutschen und führte so ihre eigene Aussage ad absurdum.[48]

Was all die genannten Beispiele gemeinsam haben, ist die Kränkung und Herabwürdigung ganzer Gruppen. Es ist eine Kränkung, die sich so leicht nicht vergessen lässt. Judith Butler, Philosophin und Begründerin der Gender Studies, stellt zudem fest: »Wenn die spezifische Kränkung, die jede_r von uns erlitten hat, sich als Teil eines Musters von Herabwürdigungen entpuppt, das im öffentlichen Diskurs reproduziert wird, und wenn sich dieses Muster zusätzlich als eines herausstellt, das eine vorherrschende Logik in Institutionen, einschließlich pädagogischer Institutionen, artikuliert, dann scheint es so zu sein, dass die Herabwürdigung nicht nur in meinem eigenen Leben Nachhall hat, sondern die soziale und politische Lebenswelt und ihre Institutionen durchzieht.«[49] Butler zufolge lässt sich die Herabwürdigung ab einem gewissen Punkt als eine Methode der Unterwerfung verstehen. In dem Zusammenhang betont Butler auch die Verletzlichkeit und besondere Schutzbedürftigkeit der Kinder. Das Perfide ist tatsächlich, dass es sich um Kinder handelt, die in ihrer Andersartigkeit ausgegrenzt und gedemütigt werden. In Deutschland sind öffentliche Schulen auf eine homogene Schülerschaft angelegt. Andersartigkeit wird als eine Störung wahrgenommen.

Zugleich lässt sich vor allem in urbanen Ballungszentren eine außerordentlich hohe Nachfrage nach bilingualen Schulen und Kindergärten beobachten. Während in Berlin sogar schon einige trilinguale Kindergärten existieren, sind die Schulen noch ein wenig zögerlicher, auch wenn es bereits mindestens zwei dreisprachige Schulen gibt (Deutsch-Englisch-Hebräisch und Spanisch-Deutsch-Portugiesisch). Ansonsten finden sich in Berlin zwei staatliche Internationale Schulen, neunzehn Staatliche Europa-Schulen (SESB), an denen Kinder ohne Zusatzkosten in zwei Sprachen unterrichtet werden, und daneben noch eine ganze Reihe privater bilingualer Schulen. Manche von ihnen sind relativ günstig, andere exorbitant teuer. Einen Mangel an Anmeldungen kennt keine. Die bilinguale internationale Nelson-Mandela-Schule ist sogar berüchtigt für die zahlreichen Klagen von Eltern, die auf juristischem Wege versuchen, einen Schulplatz für ihre Kinder zu ergattern. Auch die Berliner SESB-Schulen können sich vor Andrang kaum retten, und selbst die private Metropolitan School in Berlin-Mitte, die bei einem mittleren Einkommen locker bis zu 10 000 Euro pro Kind und Schuljahr kosten kann, kann bei Weitem nicht alle Bewerber*innen aufnehmen.

Ich selbst besuchte vor zwei Jahren einen Informationsabend der Galilei-Grundschule, die zu einer Staatlichen Europa-Schule mit englischsprachigem Zweig werden sollte. Die Schulleitung hatte vorsorglich 80 Stühle aufstellen lassen, es kamen dann aber mehr als 200 Eltern. Bei der Fragerunde ging es letztlich gar nicht um das Schulkonzept und die Vorteile einer bilingualen Bildung – von diesen musste im Auditorium niemand mehr überzeugt werden –, sondern ausschließlich um die mathematische Wahrscheinlichkeit einer Aufnahme an dieser Grundschule. Dementsprechend angespannt war auch die Atmosphäre. Bei einer ähnlichen Informationsveranstaltung der deutsch-russischen Europa-Schule war ich mir sicher, dass es zu einer

Massenpanik kommen würde. Es ist nicht verwunderlich, dass viele dieser Schulen sich vor allem in den eher wohlhabenderen Gegenden angesiedelt haben.

In Bayern gibt es die Bavarian International School in Haimhausen und in München. Die Schulen werben mit ihrer Transkulturalität: 1150 Schüler*innen aus 61 unterschiedlichen Ländern und mit 44 Muttersprachen werden dort unterrichtet.[50] Angeboten werden sechs Unterrichtssprachen (Englisch, Deutsch, Spanisch, Französisch, Chinesisch/Mandarin und Japanisch) und 17 weitere optionale Sprachen. Natürlich ist die Bavarian International School eine Privatschule. Warum aber kann es nicht eigentlich auch eine staatliche Schule mit genauso einem Konzept in Berlin-Neukölln geben?

Offenkundig gelten bestimmte Sprachen als extrem erstrebenswert und andere als Gefahr. Das hat natürlich nichts mit den Sprachen selbst zu tun, dafür aber sehr viel mit unserer Gesellschaft. Wo liegt aber der Unterschied? Nun, die einen Kinder sind arm, die anderen mindestens wohlhabend. In einem *taz*-Artikel vom März 2018 war zu lesen, dass an den meisten Berliner Privatschulen »der Anteil von Kindern aus ärmeren Familien verschwindend gering« sei. Und weiter: »An den 77 nachgefragtesten freien Schulen in Berlin liegt die Quote der SchülerInnen, deren Familien Hilfen vom Jobcenter

bekommen, bei gerade einmal 3,5 Prozent. Der berlin-
weite Schnitt der sogenannten lernmittelbefreiten SchülerInnen liegt bei etwa 35 Prozent – zehnmal so hoch.«[51]

Auch die Stiftung Mercator spricht in einer einschlä-
gigen Studie von »segregierten Schulen«. Ich vermute
jedoch, dass die Segregation nicht mit der Migrationsgeschichte der Familien zusammenhängt, sondern mit
den sozioökonomischen Bedingungen, entlang derer seg-
regiert wird. Natürlich sollte es auch klar sein, dass viele
Familien, die migriert sind, von der Armut überpropor-
tional oft betroffen sind. Wenn man auf sehr engem
Raum zusammenwohnt, ständig mit Geldproblemen
konfrontiert ist, es sich nicht leisten kann, in Bildung
zu investieren, oder den bildungsbürgerlichen Habitus
schlicht nicht kennt, dann wirkt der Aufstieg durch Bildung mitunter wie eine Fata Morgana.

Es sind dagegen die vermögenden Familien, die ihre
Kinder auf Privatschulen schicken und die Schulgebüh-
ren voller Stolz entrichten. Das gilt nicht nur für die bilingualen Schulen, sondern auch für die Musik- und Bal-
lettschulen. Bis zu meiner Migration nach Deutschland
dachte ich, dass selbstverständlich alle am Ende auch die
Universität besuchen. In meinem Umfeld gab es niemanden, der das nicht getan hätte.

Die soziale Herkunft ist in Deutschland noch immer der Faktor, der am meisten über den Bildungserfolg entscheidet. Problematisch sind im Übrigen nicht nur mangelnde Deutschkenntnisse, schwierig ist es auch für die Schüler*innen, die zwar selbstverständlich Deutsch sprechen, zu Hause aber nicht beigebracht bekommen, wie man das bildungssprachliche Register beherrscht. Dies zeigt auch der *Hochschul-Bildungs-Report*, eine neue Studie des Stifterverbands und der Unternehmensberatung McKinsey. Zu den Ergebnissen gehören laut *ZEIT* auch diese: »Von 100 Kindern mit mindestens einem studierten Elternteil beginnen 74 ein Studium, von denen wiederum 63 einen Bachelorabschluss machen, 45 noch einen Master dranhängen und 10 schließlich eine Promotion absolvieren. Von 100 Kindern dagegen, deren Eltern keine Hochschule besucht haben, beginnen nur 21 ein Studium, schaffen nur 15 einen Bachelor, machen nur 8 bis zum Master weiter – und nur eine einzige Person erlangt den Doktorgrad.«[52] Diejenigen, die nicht die Erwartungen der Schule und der Universität erfüllen, scheiden meistens aus. Das kulturelle Kapital wird nicht verteilt, sondern dazu benutzt, die bestehenden Machtverhältnisse und Privilegien zu erhalten, und es scheint fast so, als ob es kein Interesse gebe, daran irgendetwas zu ändern. Dabei hat spätestens die Corona-Pandemie gezeigt, dass Geld im Staatshaushalt durchaus vorhanden ist und dass man sehr wohl den Willen und die Kraft aufbringen kann, Entscheidungen zu fällen.

In Russland boomt das Geschäft mit den Fremdsprachen. Gesucht werden vor allem Fulltime-Nannys, die im heutigen Russisch wieder mit jenem wunderschönen Wort aus dem 19. Jahrhundert bezeichnet werden: Gouvernanten. Gouvernanten erzogen schon vor Hunderten von Jahren den russischen Adel und unterrichteten ihn in ihren Muttersprachen. So entstand eine multikulturelle Elite, und genau das geschieht auch heute wieder.

Wenn man den britischen Nanny-Agenturen und ihren Annoncen glauben kann, sind russische Familien bereit, einer Gouvernante um die 5000 Euro Gehalt zu zahlen, wobei in den meisten Anzeigen betont wird, dass in der Familie bereits eine oder zwei andere Nannys leben. Gesucht werden vor allem Gouvernanten mit den Muttersprachen Englisch, Deutsch, Französisch, Spanisch und Chinesisch. Elisaweta Peskowa, die Tochter des Putin-Sprechers und -Vertrauten Dmitri Peskow, kommt aus einer Diplomaten-Dynastie und gibt gerne mit ihren Fremdsprachenkenntnissen an: Ihre Eltern hätten sie von klein auf gezwungen, Sprachen zu lernen, sie wäre auf vielen Sprachreisen gewesen und spreche heute fließend Russisch, Englisch und Französisch, während sie ihre Arabisch-, Türkisch- und Mandarinkenntnisse noch perfektioniere. Ich habe da so meine Zweifel. Für ihr Französisch bekam Peskowa nach eigener Aussage an der Moskauer Uni lediglich die Note »gut«, und das, obwohl sie jahrelang in Paris gelebt hatte. Wie gut werden dann wohl die anderen Sprachkenntnisse sein? Doch schon alleine aus der Behauptung, multilingual zu sein, schlägt sie enormes Kapital. Fremdsprachenkenntnisse werden heute so sorgsam erworben und kuratiert wie ein Aktiendepot – und das nicht nur in Russland. Auch Ivanka Trump rühmt sich mit den Mandarin-Kenntnissen ihrer Kinder – sie beschäftigt eine Mandarin sprechende Nanny.

Der Wert der Mehrsprachigkeit ist indessen auch in der Popkultur angekommen. Die britische Serie *Killing Eve*, in welcher es um eine Auftragsmörderin Villanelle und ihre Antagonistin Eve Polastri, eine Geheimdienstagentin, geht, ist multilingual, und gerade das trägt zu ihrem Erfolg bei. Beide Protagonistinnen beherrschen mehrere Sprachen und setzen sie bewusst ein. Meine liebste Szene ist die, in der sich Eve mit einem Teenager darin misst, wer von ihnen die meisten Fremdsprachen beherrscht. Ihnen dabei zuzuhören macht großen Spaß.

Sprachen haben einen Marktwert. In unserer deutschen Diskussion geht es nicht um Sprachkenntnisse oder um Kultur, noch nicht einmal um Integration. Hier werden vielmehr soziale Konflikte über Stellvertreterdebatten ausgetragen, während ärmere Schüler*innen räumlich, sozial und politisch ausgegrenzt werden. Pierre Bourdieu spricht von der Ökonomie der sprachlichen Güter. In seinen Arbeiten hat er sich unter anderem mit dem Verhältnis von Dialekten zur Standardsprache in Frankreich beschäftigt. Dabei zeigte er, dass der Gebrauch eines bestimmten sprachlichen Registers, des Dialektes oder der Standardsprache, die Sprechenden sofort einer bestimmten sozialen Schicht zuordnet. So werden letztlich die Machtstrukturen gespiegelt, denn jede sprachliche Unterhaltung, jeder Briefwechsel ist zugleich ein Markt, der von übergeordneten Marktstrukturen beherrscht wird. Jede Äußerung wird nicht in den leeren Raum hinein getätigt, sondern in der Erwartung einer Antwort, einer Rezeption, die entweder Belohnungen oder Sanktionen auf dem jeweiligen Markt nach sich zieht. Wie diese Reaktion ausfallen könnte, ist uns durch unsere Sozialisation bewusst, wir kennen den Wert des eigenen Sprachkapitals, er hat sich in unsere Körper als sprachlicher Habitus eingeschrieben.[53] Das alles geschieht natürlich äußerst subtil. Im heutigen Deutschland gibt es schon lange keine Standesregeln mehr, aber sie werden durchaus auf die Institutionen und auf die Individuen verlagert.[54] Unser Bildungssystem sorgt währenddessen für die Reproduktion der Marktstrukturen.

Bourdieu befasste sich zwar nicht mit den Sprachverhältnissen in postmigrantischen Gesellschaften, doch seine Erkenntnisse lassen sich übertragen.

Konkret heißt das: Bereits früh wird Menschen klargemacht, wie wichtig Fremdsprachenkenntnisse später für den Bildungserfolg und für die Karriere sein werden – sofern es die richtigen sind. Diese Sprachkenntnisse zu erwerben kostet viel Geld. Natürlich kann man auf dem Gymnasium bis zu drei Fremdsprachen lernen, aber nicht selten sind es am Ende doch das Auslandsjahr, die Ferienkurse und die Nachhilfestunden, die den Unterschied ausmachen. Kinder, die privilegiert aufwachsen und weiß sind, werden in der Regel für ihre Sprachkenntnisse bewundert, so wie etwa die kleine Tochter vom britischen Thronfolger Prince William, die von ihrer Nanny einige Brocken Spanisch aufgeschnappt hat und damit auf der Titelseite der englischen Boulevardzeitung *The Sun* landete.[55] Die mehrsprachigen Kinder der Einwanderer bekommen derlei Zuspruch nicht. Von ihnen wird stattdessen verlangt, dass sie sich an die monolinguale Form anpassen. In Deutschland bezeichnen wir diesen Prozess als »Integration«. Die größte und die bedeutendste Integrationsleistung ist das Erlernen der deutschen Sprache, allerdings sollen die anderen Sprachen dabei verlernt werden. Die hegemoniale Position der deutschen Sprache wird nicht hinterfragt.

In ihrem Buch *The History of White People* beschreibt Nell Irvin Painter am Beispiel der USA, wie jede Welle weißer Immigrant*innen lernte, ihre alten Kulturen hinter sich zu lassen, um sich anzupassen. Was das konkret für ein Kind bedeutet, schildert Judith Butler so: »Für diejenigen von uns, die ihre Schulzeit damit zubrachten, ihre Leidenschaft zu verstecken oder Wege zu finden, diese am Rand ihrer Alltagswelt auszuleben, oder diejenigen, die hart daran gearbeitet haben, jegliche Spur eines fremden Akzents auszulöschen oder mit widerstreitenden Gefühlen, einschließlich Wut versuchten, sich herrschenden Normen des Weiß-seins anzupassen, war das Atmen nicht immer leicht.«[56]

Im Klartext: Anpassung kostet eine unglaubliche Mühe. Es ist kein fröhlicher Prozess, nichts, das Freude bereitet, geschweige denn glücklich macht. Selbst die gelungenste Integration ist keine Erfolgsgeschichte, zumindest keine mit einem märchenhaften Ende.

Auf den deutschen Gymnasien kann man noch immer Latein und Altgriechisch lernen, was wundervoll ist, aber kein Türkisch, Arabisch oder etwa Vietnamesisch. Während führende Wissenschaftler*innen wie etwa Jürgen M. Meisel, der seit Jahrzehnten zur Mehrsprachigkeit forscht, empfehlen, dass die Kinder in allen ihren Muttersprachen Lesen und Schreiben lernen.[57] Die Wirklichkeit sieht in Deutschland leider anders aus. Zumindest wenn man hier vom »Herkunftssprachenunterricht« beziehungsweise dem »muttersprachlichen Ergänzungsunterricht« absieht, der den Schüler*innen die Möglichkeit bieten sollte, die Herkunftssprache ihrer Familie in Schrift und Wort zu lernen. Das geht zwar in die richtige Richtung, wirft aber auch die Frage auf, ob man nicht genauso »Deutsch« als »Herkunftssprache« ansehen und die ganze Bandbreite des Herkunftssprachenunterrichts neben Deutsch für alle zugänglich im Curriculum einbetten sollte. Wieso sollten nicht alle Kinder, unabhängig von ihrer Herkunft, in den Genuss einer größeren Auswahl an Fremdsprachen kommen? Warum sollten nicht alle Kinder in der Lage sein dürfen, zum Beispiel Chinesisch, Polnisch, Russisch, Portugiesisch, Hebräisch, Kurdisch oder Japanisch zu lernen?

Weshalb ist dies in einem der reichsten Länder der Welt nur an Privatschulen möglich? Weshalb scheinen Arabisch, Türkisch oder Vietnamesisch es nicht wert zu sein, in den Lehrplan aufgenommen zu werden? Arabisch ist nicht weniger global als Französisch. Türkisch nicht unwichtiger als Latein.

Zudem fällt auf, dass im schulischen und universitären Kontext die postkolonialen Varietäten des Englischen und Französischen eher abgewertet werden.[58] Es herrscht immer das Bild der einen »richtigen« Sprache – so lernen wir das britische oder das amerikanische Englisch, aber nicht das indische. Weshalb ist das eine Englisch richtiger als das andere? Während meines Studiums erzählte mir eine Kommilitonin, dass sie eine*n französischsprachige*n Tandem-Partner*in suche – allerdings niemanden aus den afrikanischen Ländern, denn diese sprächen ein »seltsames« Französisch. Selbst bei privilegierten Sprachen konstruiert man also Hierarchien und versucht auf diese Weise festzulegen, wer die betreffende Sprache sozusagen »rechtmäßig« vertritt.

Ich finde, hier werden wertvolle Ressourcen verschwendet – zumindest, wenn man sich schon der kapitalistischen Logik unterwirft. Wäre es denn nicht im Interesse unseres Landes, dass möglichst viele Menschen auch andere als die privilegierten Sprachen beherrschen? Also eben nicht nur die *heritage learners*? Man müsste dazu überhaupt erst die Voraussetzungen schaffen, sprich Möglichkeiten anbieten, dass Kinder neben Latein und Englisch auch Sprachen wie Arabisch, Türkisch, Russisch oder Chinesisch lernen oder zumindest kennenlernen können. Man würde ihnen so neue Horizonte eröffnen und zugleich den Kindern, die diese anderen Sprachen sprechen, Wertschätzung zeigen. Auch dem gesellschaftlichen Zusammenhalt käme das zugute. Es würde nämlich anerkennen, dass diese anderen Sprachen – genauer: die Menschen, die diese Sprachen sprechen – Teil unserer gesellschaftlichen Wirklichkeit sind, auch wenn das Deutsche noch immer die standardisierte und zur allgemeinen Norm erhobene Sprache darstellt. Es wäre sicherlich nicht allzu schwer, diese Sprachen in die Lehramtsausbildung aufzunehmen und dabei für hegemoniale Zusammenhänge zu sensibilisieren. All diese Sprachen werden an den Universitäten ohnehin angeboten.

Was es dazu braucht, ist der politische Wille. Die Politik zieht es jedoch vor, die Einsprachigkeit als Norm zu schützen, obwohl sie längst nicht mehr der Realität entspricht – wenn sie ihr denn überhaupt jemals entsprochen hat. In Kanada gibt es beispielsweise »Settlement Workers in Schools (SWIS)«, mehrsprachige Sozialarbeiter*innen, die neu eingewanderten Familien dabei helfen, das kanadische Schulwesen zu verstehen.

Tatsache ist, dass die meisten unserer Schulen nicht auf Mehrsprachigkeit ausgerichtet sind. Die Lehrerschaft hat selten entsprechende Qualifikationen und versteht oft nicht, dass Mehrsprachigkeit auch ein Vorteil sein kann oder wie man mit dieser umgehen sollte. Manche Sprachkenntnisse werden sogar als ein Defizit ausgelegt – etwa wenn ein Kind auf dem Schulhof Türkisch spricht. Eigentlich ein Skandal, wenn man bedenkt, dass im Jahr 2020 in Deutschland 26 Prozent der Bevölkerung einen Migrationshintergrund aufweisen.[59] Es ist ein unglaublicher Verlust: Mehrsprachige Kinder bekommen nur in einer einzigen Sprache, nämlich zumindest in der Grundschule Deutsch, die Möglichkeit, Lesen und Schreiben zu lernen, ihre andere Sprache bleibt fortan nur eine mündliche, eine, in der dem Kind komplexes Vokabular fehlt – so wie mir im Russischen.[60] Die Sprachwissenschaftlerin Brigitta Busch stellt fest, die betroffenen Kinder würden es sehr wohl als eine Hierarchisierung der sprachlichen Ressourcen erleben, dass eine Sprache zu einer Bildungssprache entwickelt wird und die andere nicht. Diese Spezialisierung erlebten sie besonders dann als negativ, wenn im Rahmen der Schule eine Familiensprache nicht nur nicht anerkannt, sondern von den anderen auch geringgeschätzt wird. Nicht nur die einzelnen Sprachen werden auf diese Weise hierarchisiert, sondern auch diejenigen, die sie sprechen. In der Schule werden nun einmal auch die Machtverhältnisse eines Landes gespiegelt und reproduziert.

Möchte man den eigenen Kindern diese »anderen« Sprachen näherbringen, ist man in der Regel auf nichtstaatliche Vereine angewiesen, die einen entsprechenden Unterricht anbieten. Deren Werte und die Qualität des Unterrichts werden allerdings von keiner unabhängigen Stelle überprüft. Es geht immerhin um sehr, sehr viele Bürger*innen dieses Landes. Dabei existieren seit den 1980er-Jahren zahlreiche pädagogische Hilfestellungen, die in den Bildungseinrichtungen das Bewusstsein für sprachliche Diversität, eine *language awareness*, schaffen und stärken sollen. Diese Diversität soll nicht nur ernst genommen werden, die verschiedenen Sprachen sollen vielmehr als gleichwertig betrachtet werden.

Ich bin davon überzeugt, dass man in einem Land nicht endgültig ankommen kann, bevor man nicht die Kultur der Eltern oder eines Elternteiles besser verstehen lernt. In den USA gibt es eigene Programme für die *heritage speakers,* die explizit dafür aufgelegt worden sind, damit die Kinder diese Herkunftskultur nicht verlieren. Mehrsprachigkeit wird dort als eine Ressource betrachtet. In Deutschland kann sie ein Hindernis sein. Im Prinzip wird hier Mehrsprachigkeit nur begrüßt, wenn man zuvor eine deutschsprachige Einsprachigkeit bewiesen hat.

Nichtsdestotrotz gibt es auch hierzulande einen großen Markt für das Erlernen der Herkunftssprachen. Zu ihm gehören nicht nur die privaten Sprachschulen im Stadtzentrum, die Unterricht in Englisch oder Französisch anbieten, sondern auch bilinguale Privatschulen und Samstags- und Sonntagsschulen, in denen Kinder Russisch, Türkisch oder Arabisch lernen. In Berlin gibt es zum Beispiel die private Lomonossow-Schule, in der die Schüler*innen bilingual russisch-deutsch unterrichtet werden. Im Habitus steht man hier übrigens anderen privaten Schulen wie der englischsprachigen Schule in der Nähe oder der französischsprachigen École Voltaire und der Deutsch-Skandinavischen Gemeinschaftsschule in nichts nach. In Berlin-Kreuzberg werden die Kinder im privaten Kalamon-Sprachinstitut auf Arabisch alphabetisiert. Eine Einrichtung namens »Zuckerwattenkrawatten« bietet Kunstunterricht auf Russisch an. Das Russische Haus wartet mit Ballett, Sprachkursen, Mathematikkursen, Informatik für Vierjährige und Musikunterricht auf. Diese Angebote sind nicht unbedingt für alle erschwinglich, was die Frage aufwirft, warum es nicht möglich sein soll, auch in den regulären Schulen kleine Lerngruppen anzubieten, in denen die Herkunftssprachen genauso gefördert werden. Vor allem mit Blick auf Familien, die sich private Schulen, Samstagsschulen, Nachhilfe oder Ferienworkshops für 300 Euro pro Woche nicht leisten können, wäre das eine humane Maßnahme. Der Staat könnte es sich durchaus leisten. Wenn diese Kinder es uns denn bloß wert wären und man sie nicht nach der Grundschule oder sogar noch in dieser aussortieren würde.

Die Hierarchisierung der Sprachen und der Ausschluss beziehungsweise die Degradierung einiger Sprachen legitimieren und verschleiern nicht nur rassistische Einstellungen. Sie spiegeln vielmehr fundamentale soziale Ungleichheiten in der Gesellschaft wider. Für den Bildungsforscher Aladin El-Mafaalani ist gerade auch unser Bildungssystem »von der Kita bis zur Universität ein hart umkämpftes Feld, in dem Privilegien verteidigt werden«.[61] Die Folge sei ein fataler Teufelskreis, denn, so El-Mafaalani, in diesem System »ist Bildungsbenachteiligung Lebensbenachteiligung und Lebensbenachteiligung ist Bildungsbenachteiligung. Die allgemeineren Lebensbedingungen sind benachteiligend und erzeugen geringere Bildungschancen.«[62]

Es gibt hier jedoch noch ein anderes Problem. Wo Eltern es sich leisten können, werden die Kinder in privaten Einrichtungen wie den oben genannten ihre Herkunftssprachen lernen. Der Unterricht selbst unterliegt keinerlei Kontrolle, weder was die Qualität noch was die Inhalte angeht.

Wir müssen noch einmal über den Begriff »Muttersprache« reden. Abgesehen davon, dass er viel zu überhöht und mit Bedeutung überfrachtet wird, könnte man auch fragen: Wie gut spricht eigentlich ein*e Muttersprachler*in die eigene Muttersprache? Wie gut beherrschen Sie Ihre Muttersprache? Eher auf dem Niveau von Goethe oder dem von Dieter Bohlen? Immerhin sind beide Muttersprachler.

Der Literaturwissenschaftler und Linguist Thomas Paul Bonfiglio veröffentlichte im Jahr 2010 eine bahnbrechende Arbeit, in der er sich kritisch mit dem Begriff *native speaker* (Muttersprachler*in) auseinandersetzte. Seiner Ansicht nach handelt es sich um ein rassistisches Konstrukt, das dazu diene, die Machtstrukturen zu erhalten. Bonfiglio führt ein Beispiel an: Eine Sprachschule in Singapur hatte eine Stellenanzeige aufgegeben, in der nach muttersprachlichen Englischlehrer*innen gesucht wurde. Nur zwei Tage später wurde die Anzeige korrigiert und präzisiert. Nun hieß es, die Schule suche zwar nach Muttersprachler*innen, allerdings nach solchen, die *caucasian,* also *weiß,* seien.[63] An diesem Beispiel wird sehr deutlich, dass der Begriff »Muttersprachler*in« sich nicht ausschließlich auf die jeweilige Sprachkompetenz bezieht, sondern auch durchaus die Herkunft meint.

Pierre Bourdieu war es, der feststellte, dass die Durchsetzung einer einzigen »offiziellen« Sprache dazu führe, dass alle anderen Varietäten und Dialekte sich an dieser einzig richtigen, offiziellen oder eben nationalen Sprache messen lassen müssen.[64] In Deutschland hat die deutsche Sprache beziehungsweise die deutsche Bildungssprache diese Vorrangstellung inne. Schon in der Oberstufe, beim Verfassen unserer ersten Lebensläufe, lernen wir, dass Sprachen Schlüsselqualifikationen sind. Sofern es die »richtigen« Sprachen sind. Doch was, wenn es genauso darauf ankommt, *wer* sie spricht?

Es ist kein Zufall, dass Sprachen, die weniger soziales Ansehen genießen, auch mit sozialen Benachteiligungen assoziiert werden. Es sei denn, sie werden von einer Person gesprochen, die als weiß beziehungsweise als *deutsch ohne jeglichen Hintergrund* gelesen wird. Wenn ein*e Deutsche*r es schafft, Chinesisch, Türkisch, Arabisch, Russisch oder Polnisch gebrochen zu sprechen, wird dies mit Bewunderung honoriert. Der Journalist und Autor Mohamed Amjahid weist in seinem Artikel »Arabisch? Klar, kann ich!« zu Recht darauf hin, wie sehr hier die Maßstäbe verschoben werden: »Die einen müssen sich abrackern, um ein Deutsch-Zertifikat vorlegen zu können, und werden dennoch von Professorinnen und Personalern wegen ihres leichten Akzents schief angeguckt; die anderen können behaupten, dass sie Arabisch können, und bekommen für ihre angeblichen Sprachkenntnisse Anerkennung und Jobs, die sie so eigentlich nicht machen können. Das nennt man: weiße Privilegien.«[65]

Die Schriftstellerin Saskya Jain ist in Neu-Delhi mit Englisch, Deutsch und Hindi aufgewachsen. Ihr indischer Vater lernte von klein auf Hindi, Rajasthani, Gujarati und Marathi und schließlich in der Schule Englisch, die Sprache, die er heute vorwiegend mit Saskya und ihrem Bruder spricht. Ihre Mutter ist gebürtige Österreicherin und spricht mit ihren Kindern deutsch. Saskyas Deutsch ist perfekt, sie hat sich dennoch entschieden, auf Englisch zu schreiben: »In dem Umfeld, in dem ich in Neu-Delhi aufgewachsen bin, ist Englisch die dominante Sprache gewesen. Es war auch die Sprache, in der ich als Teenager sozusagen ein ›kritisches Bewusstsein‹ entwickelt habe, also angefangen habe, all die Fragen zu verhandeln, die mich als Autorin prägen. Die englischsprachige Literatur war dabei mein Zuhause und ist es bis heute geblieben.«[66]

In Deutschland wird ihr perfektes Deutsch nicht immer vorbehaltlos akzeptiert. »Ich werde in Deutschland immer wieder auf meine Deutschkenntnisse angesprochen«, berichtet sie. »Die Vorstellung, dass jemand im Ausland mit der deutschen Sprache aufwächst und dann noch nicht mal blond ist, ist hier völlig fremd. Als ich mit achtzehn zum Studium nach Berlin kam, sagte mir eine Kommilitonin, ich hätte meine frische Ankunft in Deutschland doch bestimmt erfunden, um mich ›interessanter‹ zu machen. Sie konnte nicht glauben, dass ich deutsche Muttersprachlerin bin, obwohl ich bis vor einigen Monaten noch nie in Deutschland gelebt hatte. Das hat mich auf so vielen Ebenen tief verletzt und mir die Augen geöffnet. Auch wenn ich wegen meiner Biografie schon immer eine Insider-Outsider-Position hatte, habe ich davor nie einen ausdrücklichen Widerspruch darin gesehen. Ich dachte als Kind, mein generelles Sprachtalent und insbesondere mein akzentfreies Deutsch seien eine Stärke, aber als ich nach Deutschland kam, wurde ich ausgerechnet wegen dieser Stärke immer wieder mit Misstrauen betrachtet, so als würde ich irgendwie betrügen. Für mich war das ein Schock. Immer wieder muss ich es erleben, dass die Leute erst mal meinen kulturellen Hintergrund erfragen, die Antwort dann aber nicht wirklich verdauen können oder wollen. So habe ich gelernt, dass meine Identität, so schwierig und überbeansprucht ich dieses Wort auch finde, ein Tabu ist, etwas, das in Deutschland nicht ohne Widerstand akzeptiert werden kann. Das ist inzwischen ein weiterer Grund, warum ich auf Englisch schreibe. Ich bin dann freier und werde nicht auf die Position des kulturellen Botschafters reduziert, bei der ja erst mal verhandelt werden muss, warum ich denn dieses regelwidrig-gute Deutsch spreche. Seit ich auch in Berlin lebe, sind die Worte ›Du sprichst so gut Deutsch!‹, die ich wie so viele Zugewanderte in Deutschland allzu oft höre, für mich sehr beladen, weil da so viel fragwürdiger Subtext mitschwingt, dessen sich viele dieser vermeintlichen Bewunderer gar nicht bewusst sind.«

Mohamed Amjahid ist, wie schon erwähnt, Autor und Journalist, außerdem Thomas-Mann-Fellow. Seine Erstsprachen sind Deutsch und Arabisch (marokkanischer Dialekt). Später lernte er Hocharabisch, Französisch, Englisch, Spanisch, Italienisch und den ägyptischen Dialekt. Mit seinen Eltern spricht er Arabisch und Deutsch, mit den Großeltern Arabisch und Französisch und manchmal eine Mischung aus beiden Sprachen:

»Meine Mutter wirft dann einfach ein deutsches Wort in den arabischen Sprachfluss. Oder sie adaptiert arabische Grammatik, während sie deutsch spricht, und so wird ein deutsches Verb gemäß marokkanisch-arabischen Regeln konjugiert. Das verstehen dann nur wir.«[67]

Obwohl Amjahid in Frankfurt am Main aufgewachsen ist, sind viele Menschen überrascht über seine Deutschkenntnisse: »Ich habe mal den Preis der Gesellschaft für deutsche Sprache bekommen, weil meine Texte sprachlich so gut seien. Bei der Verleihung haben mich alle gelobt für mein akzentfreies Deutsch, sie sahen mich und gingen davon aus, dass ich kein Deutsch kann. Auch sonst ist das im Alltag ständig Thema, ich mache mittlerweile immer Witze darüber und sage: ›Für die *ZEIT* hat mein Deutsch locker ausgereicht.‹« Er arbeitete einige Jahre lang bei der *ZEIT*.

Alexandre Duchêne und Monica Heller beschreiben in einem Fachartikel die Rolle verschiedener Sprachen am Züricher Flughafen. Im Transitbereich sind demnach vor allem Mitarbeiter*innen mit den Zielsprachen Englisch, Deutsch und Französisch im Einsatz. Wenn es aber Bedarf an anderen Sprachen gibt, zum Beispiel weil ein Passagier nur Mandarin spricht, kann man auf eine Liste mit sämtlichen Flughafen-Mitarbeiter*innen und den von ihnen gesprochenen Sprachen zugreifen und darüber um Hilfe bitten. Allerdings sind die meisten auf dieser Liste Migrant*innen, die in schlecht bezahlten Positionen arbeiten, entweder als Reinigungskräfte oder am Gepäckband. Diese Liste ist die einzige Maßnahme, wenn es um unvorhergesehene Kommunikationsprobleme und »exotische« Sprache geht. Die Arbeiter*innen dolmetschen, ohne dass sich die Airlines um die Qualität der Übersetzung sorgen oder dass sie die freiwilligen Dolmetscher*innen für ihre Dienste bezahlen würden. Deren »Lohn« besteht allein in der Sichtbarkeit, die ihnen ein paar Minuten lang gewährt wird.[68]

Das Ganze ist letztlich wieder nur ein Beispiel dafür, wie nicht nur Sprachen hierarchisiert werden, sondern auch diejenigen, die sie sprechen. Was am Züricher Flughafen geschieht, dürfte weitverbreitet sein. Es ist bequem, wenn die Putzkraft mal schnell als Sprachmittler*in einspringen kann oder wenn Kellner*innen im Restaurant die Gäste in vielen Sprachen bedienen können. Für die prekär Beschäftigten ergeben sich daraus jedoch keine finanziellen Vorteile. Sie können ihr kulturelles Kapital nicht in ein finanzielles übertragen, da es noch nicht einmal als Kapital gesehen wird. Sie profitieren nicht von ihren Sprachkenntnissen, aber sehr wohl die Unternehmen, für die sie arbeiten.

In der Fachliteratur zur Mehrsprachigkeit findet sich fast immer folgender Ratschlag für mehrsprachige Eltern: eine Person, eine Sprache. Ich versuche mich zwar daran zu halten und mit meinen Kindern konsequent Russisch zu reden, doch oft kommt es dann vor, dass ich zwischen Russisch und Deutsch hin und her springe. Ich tue das nicht, weil ich beide Sprachen nicht gleich gut beherrschen würde oder weil mir ein bestimmtes Vokabular fehlt. Nein, ich tue es, weil es so viel Spaß macht. Es gibt immer wieder bestimmte Phrasen oder Begriffe, die in der anderen, gerade eigentlich nicht gebrauchten, aber im Hintergrund stets präsenten Sprache einfach besser klingen oder den Sachverhalt besser beschreiben. Ich greife aber nur dann auf sie zurück, wenn ich davon überzeugt bin, dass sie auch meinem Gegenüber bekannt sind.

Meine Hauptsprachen – Deutsch, Russisch und Englisch – leben in mir nicht gleichberechtigt nebeneinander. Manchmal ist die eine stärker, manchmal die andere. Oft kommt es auf die Umgebung an. In einer russischsprachigen Umgebung drängt sich logischerweise sofort mein Russisch in den Vordergrund, und zwar mitunter sogar so stark, als ob ich niemals Deutsch gelernt hätte, und selbst in den USA oder in England kommen dann längst vergessene russische Ausdrücke plötzlich wieder in mein Bewusstsein. In Deutschland wiederum ist mein Englisch präsenter als Russisch. Wenn ich mit Freund*innen zusammen bin, die ebenfalls Russisch und Deutsch beherrschen, wechseln wir oft zwischen den Sprachen hin und her. Mit einer Freundin habe ich mittlerweile eine besondere Art der Kommunikation entwickelt: Sie schreibt mir auf Russisch, ich antworte auf Deutsch. Gerade in der Vermischung der Sprachen liegt der ganze Reiz.

Der schon erwähnte Schriftsteller Vladimir Nabokov spielte virtuos mit der Mehrsprachigkeit. Er war einst vor der Oktoberrevolution aus Russland nach Deutschland geflohen und später über Frankreich in die USA immigriert. Da er in eine aristokratische Familie hineingeboren wurde, war er in einer mehrsprachigen Umgebung aufgewachsen. Er schrieb zunächst auf Russisch und später auf Englisch. Sein Roman *Ada oder das Verlangen* ist voller Wortspiele und Andeutungen in mehreren Sprachen. Es war sein fünfzehnter Roman und der sechste, den er auf Englisch schrieb. Einer der beiden Übersetzer, die das Buch ins Französische übertrugen, erlitt angesichts der enormen Herausforderung bezeichnenderweise einen Nervenzusammenbruch. Zwei kurze Beispiele aus der hervorragenden deutschen Übersetzung von Uwe Friesel und Dieter E. Zimmer dürften den Grad der Schwierigkeit erahnen lassen:

»Lucette ist zwölf und naiv, und ich weiß, es ist alles ein sauberer Spaß, indes (*odnako*), man kann sich einer knospenden kleinen Frau gegenüber nie zu *delikatno* benehmen.«[69]

Oder: »›*Poshaljsta bes glupostej* (bitte keine Albernheiten), besonders *devant les gents*‹, sagte tief geschmeichelt Marina (und sprach nach der Art ihrer Großmutter das Schluss-›s‹ mit.«[70]

Zugegeben erschließt sich der Witz leichter, wenn man Russisch beherrscht. Die Vokabel »delikatno« etwa lässt sich als »diskret«, »unaufdringlich« und »heikel« übersetzen. In Bezug auf ein junges Mädchen und eine sexuelle Konnotation ist dieses Wort natürlich eine spezielle Wahl und funktioniert nur auf Russisch, da es zugleich all diese Bedeutungen besitzt.

Was die deutschsprachige Literatur angeht, so hat Emine Sevgi Özdamar mit ihren Theaterstücken und Erzählungen bewiesen, dass es dort auch für Menschen mit dem sogenannten Migrationshintergrund einen Platz gibt. Leider wurde auch ihr Werk orientalisiert. Noch im Jahr 2002 schrieb die Literaturkritikerin Sigrid Löffler in der *EMMA:* »Ihre türkische Muttersprache hat sich verwestlicht, ihr Deutsch hat sich orientalisiert und mit türkischen Denk- und Sprachmustern angereichert.«[71] Wie kann sich Deutsch orientalisieren und weshalb ist Türkisch nicht per se »westlich«? Welche Vorstellung von der Türkei verbirgt sich hinter solch einem Satz und welche von Deutschland?

Kurz vor dem Abitur entdeckte ich die Werke von Zadie Smith, und auf einmal bekam auch ich eine Perspektive. *Zähne zeigen,* ihr erster Roman, wirkte wie ein Katalysator und war regelrecht ein persönliches Erweckungserlebnis für mich. Mir war bis dahin nicht bewusst gewesen, dass man auf diese Art und Weise schreiben kann, mit diversen Figuren und einem soziologischen Blick, der diese nicht verrät, dabei unterhaltsam, ironisch und auf einem unglaublich hohen Niveau.

Wenn ich heute meinen Kindern vorlese, werde ich manchmal verzweifelt, denn Kinder wie sie kommen in den meisten Kinderbüchern nicht vor. Nahezu alle Protagonisten in den Geschichten sind eindeutig deutsch und nicht etwa deutsch-plus. Ein türkischer Name ist mir bisher nur in einem einzigen Kinderbuch begegnet – und auch da war es keine Hauptfigur, sondern bloß eine Nebenfigur mit dem süßesten Kuchen von allen.

Beim Rap ist man zum Glück weiter als in Bullerbü: Ebow und Haftbefehl mischen in ihren Texten bewusst Sprachen und Identitäten, und das auf eine subtile und raffinierte Weise, wie sie nur Menschen vorbehalten bleibt, die gute Lyrik schreiben. Ich habe sieben Jahre lang in der Zeilgalerie in Frankfurt am Main Turnschuhe, Hoodies, Bandanas und Käppis verkauft. Zu den Kunden zählten der Rapper Azad und viele andere Künstler*innen. Es war eine multiethnische und multilinguale Umgebung, mit der ich mich vollkommen identifizieren konnte. Meine Kolleg*innen kommunizierten ebenfalls in einer Vielzahl von Sprachen: Gebärdendeutsch, Englisch, Französisch, Italienisch, Persisch, Griechisch, Polnisch, Bosnisch, Tschechisch und alle nur erdenklichen Kombinationen. Viele von ihnen studierten Sprachwissenschaften oder Touristik.

Diese für Frankfurt so typische Sprachpraxis funktioniert genauso in vielen anderen Städten Deutschlands – und auch in der Kunst. Die Künstlerin Ebow, die bürgerlich Ebru Düzgün heißt, hat mehrere Alben veröffentlicht, darunter 2019 das Album *K4L*. Das Kürzel steht für »Kanacks for Life« und greift auch das Thema der kulturellen Aneignung auf. Der aus Offenbach stammende Rapper Haftbefehl schuf seinerseits das Kunstwort »Kanackiş«, mit dem er dann auch sein zweites Album betitelte. Die Journalistin Miriam Davoudvandi sah darin ein »riesiges Statement. Aus der Beschimpfung ›Kanake‹, die sich hauptsächlich gegen sogenannte Gastarbeiter richtete, wurde eine stolze Selbstzuschreibung. Sein erstes Album war ›Azzlack Stereotyp‹, Azzlack steht im Slang für ›asozialer Kanake‹. Haftbefehl stilisierte diese Worte zu etwas Coolem. Auf einmal wollte jeder ein Azzlack sein.«[72]

In der Linguistik bezeichnet man es als »Sprachkontakt«, wenn Menschen sich von den Sprachen, die ihnen im Alltag begegnen, inspirieren lassen und sie übernehmen, wie etwa Joe Biden, als er im Präsidentschaftswahlkampf während der ersten Fernsehdebatte mit Donald Trump das arabische Wort »inshallah« benutzte. Bei mir in der Nähe gibt es eine kleine französische Bäckerei, in der die unglaublichsten Baguettes, Croissants oder Pans au Chocolat von Hand hergestellt werden. Der Laden heißt »Le Brot«.

Beim Kiezdeutsch passiert etwas ganz Ähnliches wie beim Rap. Die meisten fremdsprachlichen Ausdrücke werden eingedeutscht und wie Fremdwörter behandelt. Jugendsprache beziehungsweise das heutige Kiezdeutsch der deutschen Großstädte ist für die Jugendlichen dasselbe wie Latein für die Bildungsbürger*innen. Heike Wiese, die sich als Sprachwissenschaftlerin mit dem Kiezdeutsch beschäftigt hat, schreibt, dass viele, die diesen Dialekt verwenden, neben dem Deutschen noch mindestens eine andere Sprache fließend sprechen. Da Kiezdeutsch laut Wiese überwiegend von Jugendlichen gesprochen wird, die in Deutschland geboren sind und deshalb schon früh mit dem Lautsystem des Deutschen vertraut waren, sind direkte lautliche Einflüsse aus nicht-deutschen Herkunftssprachen eher die Ausnahme. Im Bereich des Wortschatzes werde man schnell fündig. Hier gibt es, wie Wiese zeigt, zahlreiche besonders aus dem Arabischen und dem Türkischen herrührende Neologismen. Diese fänden sich typischerweise in Bereichen wie der Anrede, am Anfang und am Ende der Rede, dort, wo es darum geht, eine Aussage zu bekräftigen, und, ganz typisch für Jugendsprache, in zum Teil ritualisierten Flüchen und Beleidigungen.[73] Mischsprachen sind immer eine bewusste Entscheidung der Sprechenden.

Eines meiner liebsten Kunstwerke ist »An artist who cannot speak English is no artist« von Mladen Stilinović, entstanden 1992. In schwarzen Buchstaben prangt dieser Satz auf einem rosafarbenen, 120 × 350 cm großen Banner. Englisch ist erst vor einigen Jahrzehnten zu einer globalen Sprache geworden. Es gibt Schätzungen, wonach heute bereits ein Viertel der Weltbevölkerung Englisch beherrscht, Tendenz steigend.[74] Die Sprache wird immer mehr und immer früher in Kindergärten und Schulen unterrichtet, auch die Universitäten bieten zunehmend englischsprachige Programme und Kurse an. Auch die Menschen werden immer mobiler und digitaler.

Gelehrt wird immer britisches oder amerikanisches Englisch. Naoise Dolan schreibt in ihrem Roman *Exciting Times* über eine junge Uni-Absolventin aus Dublin, die in Hongkong Englisch unterrichtet. Unter Englisch versteht man in der Sprachschule, an der sie arbeitet, allerdings nur britisches Englisch, und sie verzweifelt an den Unterschieden zu *ihrem* irischen Englisch. Die Standardisierung des britischen und des amerikanischen Englisch als das einzige denkbare Englisch ist auch in Indien und auf den Philippinen nur allzu gut bekannt. Unzählige englischsprachige Callcenter und Kundencenter wurden in diese Länder outgesourct, von den Angestellten dort wird jedoch erwartet, dass sie ihren Akzent weitmöglichst dem britischen oder amerikanischen anpassen, also alle lokalen Einschläge unterdrücken.

Dennoch hat es fast den Anschein, als ob mit dem Englischen der Traum von einer universellen Weltsprache in Erfüllung gehen könnte, den schon der Warschauer Augenarzt Ludwik Lejzer Zamenhof hegte, als 1887 die Kunstsprache Esperanto entwickelte. Doch Esperanto konnte sich im Gegensatz zum Englischen nicht durchsetzen.

Die Zahl der Menschen, die ihre Ausbildung auf Englisch oder bilingual mit Englisch bekommen, wächst immer weiter. In China, zumindest in den Großstädten, sowie in Taiwan lernen die Kinder Englisch bereits ab der 1. Klasse. Das Alter, in dem Englisch als die erste Fremdsprache eingeführt wird, wurde dabei kontinuierlich nach unten gesenkt.[75] Auch an Universitäten in nicht-englischsprachigen Ländern wird zunehmend auf

Englisch unterrichtet. Es gilt als gute Vorbereitung auf eine zukünftige Karriere. Gute Englischkenntnisse sind inzwischen jedenfalls nicht mehr bloß Sprachkenntnisse, sondern stehen für Bildung und Mobilität. Der australische Sprachwissenschaftler Anthony Pym fand heraus, dass merkwürdigerweise Menschen, die eine weitere Sprache zu einem späteren Zeitpunkt in ihrem Leben erlernt haben, oft zu besseren Übersetzer*innen und Dolmetscher*innen in dieser werden als jene, die dieser Sprache schon in der frühesten Kindheit ausgesetzt waren. Womöglich, so Pyms Vermutung, liege es daran, dass es bei den Spätlernenden einen gewissen Verfremdungseffekt gebe, und durch diesen falle es ihnen leichter, das Potenzial der anderen Sprache besser auszuschöpfen.[76] Ein hübscher Gegensatz zu unserem gängigen Glauben, allerdings kann ich Pyms Beobachtung aus meiner eigenen Erfahrung bestätigen. Mir sind Sprachen erst ab dem 18. Lebensjahr leichter gefallen, als ich endlich verstanden habe, wie man ihre Strukturen erlernt. Zugleich ist auch dies ein Argument dafür, den Glauben an die Unfehlbarkeit der Muttersprachler*innen aufzugeben.

Die allermeisten wissenschaftlichen Aufsätze werden heute auf Englisch veröffentlicht – selbst in Deutschland, Spanien, Frankreich oder den Niederlanden.[77] Generell erfolgt das Gros der wissenschaftlichen Kommunikation heute auf Englisch, auf internationalen und vielen nationalen Konferenzen wird Englisch gesprochen, und auch die Arbeitssprache in den Forschungslaboren ist in der Regel Englisch. Dies bedeutet allerdings auch eine extreme Privilegierung derer, die gutes Englisch beherrschen, weil sie in den USA oder in Großbritannien leben.

Der Wissenschaftshistoriker Michael Gordin beschreibt in einem Aufsatz für die Zeitschrift *Aeon*, dass das nicht immer so war: Vor hundert Jahren beherrschten die Wissenschaftler*innen in der westlichen Welt zwar in einem gewissen Maße Englisch, daneben aber auch Französisch und Deutsch oder andere Sprachen, wie etwa Russisch oder Italienisch. Noch weiter zurück, im 15. Jahrhundert, waren in Westeuropa Naturphilosophie und Naturgeschichte im Grunde genommen durchweg mehrsprachig. Zwar war Latein in der Renaissance und im Spätmittelalter die Bildungssprache, doch man war sich stets bewusst, dass die dominierende Sprache der Wissenschaft in der Antike bis zum letzten Tag Roms nicht Latein, sondern hellenistisches Griechisch gewesen war. Man wusste auch, dass sehr viele Werke der kanonischen Naturphilosophie, deren griechische Originale verloren gegangen waren, nur dank erhaltener arabischer Übersetzungen schließlich ins Lateinische überführt werden konnten. Gordin zeigt auf, wie Latein stets als eine zweite schriftliche Sprache zur Kommunikation mit der internationalen Forschungsgemeinschaft benutzt wurde. Latein war jedoch eine neutrale Sprache, niemand sprach es mehr als Muttersprache, und die Forscher aus Europa und dem arabischen Raum konnten sich ihrer gleichermaßen bedienen.

Bis zum Ende des 18. Jahrhunderts erschienen Arbeiten in Chemie, Physik, Physiologie und Botanik zunehmend in Englisch, Französisch und Deutsch, aber auch in Italienisch, Niederländisch, Schwedisch, Dänisch und anderen Sprachen. Bis zum ersten Drittel des 19. Jahrhunderts entschieden sich viele Bildungseliten noch, auf Latein zu schreiben. Um 1850 begannen Englisch, Französisch und Deutsch sich als die international führenden Wissenschaftssprachen durchzusetzen, wobei jede der drei Sprachen ungefähr den gleichen Anteil an der Gesamtproduktion einnahm. (Wobei jede Wissenschaft eine andere Verteilung hatte: Bis zum Ende des Jahrhunderts war Deutsch zum Beispiel der Spitzenreiter in der Chemie.) Ein wenig später kam noch Russisch dazu.[78] Ebenfalls im 19. Jahrhundert wurden die USA schon zunehmend einsprachiger. Von den dortigen Forschern wurde nicht mehr erwartet, Fremdsprachenkenntnisse zu erwerben. Im 20. Jahrhundert und insbesondere seit dem Zweiten Weltkrieg begann dann endgültig der globale Siegeszug des Englischen in der Wissenschaft. In den frühen 1980er-Jahren machte es bereits weit über 80 Prozent der weltweiten naturwissenschaftlichen Veröffentlichungen aus. Heute liegt der Anteil bei fast 99 Prozent.

Auch die meisten literarischen Übersetzungen auf dem deutschen Buchmarkt sind aus dem Englischen – 2019 lag dieser Anteil bei 61,3 Prozent der übersetzten Bücher, gefolgt von Französisch (10,7 Prozent), Japanisch (10,4 Prozent) und Italienisch (2,5 Prozent) mit jeweils deutlich niedrigeren Anteilen. Allerdings wurden im selben Zeitraum umgekehrt nur 4,1 Prozent der deutschen Übersetzungslizenzen an englischsprachige Verlage vergeben. Die meisten gingen mit großem Abstand nach China (19 Prozent).[79] Übersetzt wird generell fast nur aus den weltweit dominanten Sprachen – unsere Welt wird zwar immer globaler, jedoch auch immer monokultureller.

Der Arabist Yaseen Noorani schlägt daher den Begriff »sanfte Einsprachigkeit« (*soft monolingualism*) vor.[80] Anhand von Beispielen aus der arabischen Dichtung argumentiert er, dass durch die Übersetzungen aus den anderen Sprachen sich die nationalen Literaturen einander mit der Zeit immer weiter angleichen.

Vor allem der Prozess der Modernisierung der Sprachen habe zu deren Vereinheitlichung beigetragen. Wo früher Unübersetzbarkeit und Unverständlichkeit die Regel waren, würden diese allmählich nivelliert. Mehrsprachigkeit sei heute zugänglicher denn je, allerdings handle es sich bei dieser um eine »sanfte« Mehrsprachigkeit, im Gegensatz zu der harten, die sich vor allem bei toten (und isolierten) Sprachen finden lasse. Dieser Prozess der gegenseitigen Anpassung sei der Motor der Globalisierung.

Englisch ist im Übrigen alles andere als eine neutrale Sprache. Wie das Russische ist es vielmehr auch eine imperiale Sprache. Ihre »Muttersprachler*innen« sind extrem privilegiert, und der Rest der Welt versucht aufzuholen. So kommt auch Michael D. Gordin am Ende seines Artikels zu dem Schluss: »Wie viele vielversprechende Studenten werden von einer wissenschaftlichen Karriere ausgeschlossen, weil sie Schwierigkeiten mit Englisch haben und nicht etwa mit multivariablen Berechnungen? Das Problem wird noch gravierender, wenn die weltweite Schulbuchproduktion, selbst die für Gymnasien, auf anglophon umgestellt wird: Auf Tschechische oder Suaheli verfasste Bücher über Mikrobiologie werden sich nicht rentieren. Die einsprachige Wissenschaft ist mit einem hohen Preis verbunden.«[81]

Ich führte eine Zeit lang eine Beziehung mit einem englischen Muttersprachler. Wir sprachen miteinander Englisch, nur war meines naturgemäß schlechter. Ich fühlte mich immer unterlegen und irgendwie ausgetrickst. Ich habe lange überlegt, ob das Wort »ausgetrickst« tatsächlich das richtige ist, doch genauso fühlte es sich an. Mein Gegenüber war mir stets überlegen, sprach eleganter, eloquenter. Er gewann einen Streit, während ich noch nach dem passenden Ausdruck suchte.

Auch manchen Wissenschaftler*innen fällt es nicht leicht, ausschließlich auf Englisch zu kommunizieren und zu publizieren. So ist es vielleicht auch nicht verwunderlich, dass einige Nicht-Muttersprachler*innen nun eine Reform des globalisierten Englisch anstoßen: Jean-Paul Nerrière, Franzose und ehemaliger Vizepräsident von IBM USA, schlug bereits vor, das globalisierte Englisch zu einem »Globish« zu vereinfachen. Globish würde auf ein Vokabular von etwa 1500 Vokabeln zurückgreifen, die sehr einfach aneinandergereiht werden könnten, ohne allzu komplizierte grammatikalische Regeln. Nerrière schrieb in einer Mail an die *New York Times*: »Globish ist keine Sprache, es wird niemals eine Literatur auf Globish geben, es zielt nicht darauf ab, eine Kultur oder Werte zu vermitteln. Es ist nur ein Werkzeug, praktisch, effizient und absichtlich limitiert.«[82]

Übrigens war einer der Gründe für Samuel Becketts literarischen Sprachwechsel vom Französischen ins Englische, sich selbst in seinen sprachlichen Mitteln einzugrenzen.

Das globalisierte Englisch zumindest in seiner vereinfachten Version würde vor allem für die englischen Muttersprachler*innen Nachteile bringen – für die monolingualen unter ihnen wäre diese kaum zu verstehen.[83]

Natürlich ist der Aufstieg des globalisierten Englisch vor allem Ausdruck der kulturellen Hegemonie der USA. Allerdings sind Englischkenntnisse heute schon so selbstverständlich, dass sie nicht mehr als besondere Qualifikation durchgehen. Sollten wir also eine andere Sprache neben Englisch sprechen? Unbedingt!

Als ich meinen Mann 2013 kennenlernte, konnten wir uns zunächst in keiner gemeinsamen Sprache unterhalten. Er sprach Arabisch, Aramäisch, etwas Kurdisch, Italienisch und Französisch und ich Deutsch, Englisch, Russisch und etwas Polnisch und Spanisch. Wir kommunizierten überwiegend über Google Translate, wobei das Programm damals um einiges schlechter war als heute. Wir haben uns sehr oft missverstanden. Manchmal benutzten wir auch eine Unmenge an Emoticons. Es war schwer, einander zu verstehen, und nicht selten stritten wir uns wegen irgendwelcher Übersetzungsfehler. Aber wir blieben zusammen und etablierten irgendwann Englisch als unsere gemeinsame Sprache, die mein Mann in einer rekordverdächtigen Zeit lernte. Die überraschende Einsicht dieser Monate war jedoch, dass es in der Kommunikation nicht immer nur auf die Sprache ankommt. Wenn wir uns wirklich verständigen wollen, werden wir es auch ohne eine gemeinsame Sprache schaffen, während eine gemeinsame Sprache noch lange keine Voraussetzung für das gegenseitige Verständnis darstellt. Noch heute haben wir keine gemeinsame Familiensprache. Wir leben in den unterschiedlichsten Übersetzungsprozessen.

Obwohl die technischen Übersetzungen so schlecht waren, waren sie auch eine Rettung. Inzwischen, nur wenige Jahre später, sind die Übersetzungsprogramme viel ausgereifter und nähern sich allmählich sogar der menschlichen Simultanübersetzung an. Allerdings müssen auch sie stets von einem Menschen korrigiert werden. Denn keine Übersetzung, nicht einmal die allerbeste, kommt ohne Verschiebungen und Veränderungen aus. Manchmal ist es ein Wort oder eine Redewendung, das beziehungsweise die in der anderen Sprache nicht existiert, manchmal ist es ein ganzes Konzept, das sich nicht eins zu eins übertragen lässt. Die jeweiligen kulturellen Eigenheiten spielen jedenfalls eine nicht zu unterschätzende Rolle. Im Russischen gibt es zum Beispiel für das Wort »blau« zwei unterschiedliche Begriffe: »синий« (dunkelblau) und »голубой« (hellblau). Man kann das Wort »blau« nicht übersetzen, ohne zu wissen, um welches Blau es sich jeweils handelt. Im Japanischen wiederum gibt es das wunderschöne Wort »nakama« für Freunde, die einem genauso nah sind wie die eigene

Familie, oder das Wort »kawaakari« für das Schimmern des letzten Lichts auf einem Fluss beim Sonnenuntergang. Im Italienischen bezeichnet das Wort »abbiocco« die Schläfrigkeit nach einem üppigen Essen. Der US-Verlag Princeton University Press hat sogar ein recht dickes Lexikon mit derlei quasi unübersetzbaren Begriffen herausgebracht, das *Dictionary of Untranslatables*. Als unübersetzbar gelten immer nur einzelne Wörter, die dank zahlreicher Sammlungen und Anthologien, in denen sie prominent vorgestellt werden, mittlerweile einige Berühmtheit erlangt haben.

Übersetzen lässt sich gleichwohl alles, doch gibt es dabei gute und weniger gute Übersetzungen, so wie es auch unzählige Übersetzungstheorien gibt. Roger Willemsen, der am Anfang seiner Karriere als Übersetzer arbeitete, bringt den ganzen Charme der Mehrsprachigkeit wunderbar auf den Punkt, wenn er schreibt: »Eine der letzten romantischen Sachen in dieser Welt ist wohl wirklich die Vielsprachigkeit. Sie ist so liebenswert umständlich, zwingt uns in unpraktische Prozeduren, macht uns auf einen Schlag von weltläufigen, selbstbewussten Individuen zu kindlich agierenden, imbezilen Stammlern, die sich mit primitiven Gesten und blödsinniger Schauspielerei zu verständigen suchen.«[84] Ohne Übersetzungen können wir nicht leben, die ersten Übersetzerschulen wurden bereits im 9. Jahrhundert in Bagdad gegründet, und im 13. Jahrhundert folgte eine im spanischen Toledo. Führende Philosoph*innen wie Walter Benjamin oder Paul Ricœur haben sich mit den Theorien der Übersetzungen beschäftigt, und doch gibt es auch auf diesem Gebiet nicht die eine Wahrheit, nicht die eine Philosophie. Die Übersetzungen und die Mehrsprachigkeit bleiben »liebenswert umständlich«.

Indessen hat die Technologie auch die Arbeit derer verändert, die dolmetschen und übersetzen: Die elektronische Kommunikation machte den Arbeitsprozess schneller und mitunter auch zersplitterter, denn nicht selten werden nunmehr nur einzelne Passagen eines Textes übersetzt. Daneben erleichtert sie den Zugang zu einem schnellen Austausch zwischen den Kollegen in Online-Foren, wenn es um schwierige Übersetzungsfragen geht. Viele Programme werden heute selbstverständlich in der computerunterstützten Übersetzung angewendet – zum einem gibt es, sehr verkürzt dargestellt, Übersetzungsspeicher, die eine Art Datenbank mit einzelnen Textsegmenten und ihren Übersetzungen bilden. Diese Programme helfen beispielsweise, Texte zu übersetzen, bei denen sich viele Phrasen wiederholen. Die Übersetzungsspeicher lassen die Übersetzer nicht arbeitslos zurück, sondern erledigen lediglich die langweilige Routine, scherzen José Ramón Biau Gil und Anthony Pym.[85] Auch automatische Übersetzungen durch ein Computerprogramm werden immer besser und beliebter. Die Computerlinguistik entwickelt sich enorm schnell.

Maschinelle Übersetzungsprogramme kommen ohne großen philosophischen Überbau aus. Der frühere Chef von Google China, der Informatiker Kai-Fu Lee, geht davon aus, dass schon in wenigen Jahren Touristen in Rom oder Tokio sämtliche Kommunikation mithilfe entsprechender Geräte führen werden. Eine Fremdsprache würden die Menschen höchstens noch dann lernen, wenn sie sich wirklich für die Geschichte und Kultur eines Landes interessierten.[86] Doch genau der fehlende Überbau macht diese Programme so problematisch: Produkte, die international vertrieben werden, wie etwa Computer oder Videospiele, müssen nicht nur in die jeweils andere Sprache übersetzt, sondern auch »lokalisiert«, also an die Gegebenheiten vor Ort angepasst werden. Dabei muss man zum Beispiel auch wissen, dass die Daten in den USA und in Deutschland unterschiedlich geschrieben werden. Zu der Lokalisierung gehört es auch, solche Schwierigkeiten und kulturellen Differenzen zu berücksichtigen.[87]

Ich glaube, dass solche Computerprogramme uns helfen werden, unseren Alltag effizienter zu gestalten, leichter unterwegs zu kommunizieren und schneller ans Ziel zu gelangen, aber sie werden das Gefühl, sich in einer anderen Sprache frei ausdrücken zu können, niemals ersetzen. Eine andere Sprache zu lernen ist anstrengend, es erfordert Zeit und führt nicht immer zum Erfolg, aber das Wissen um die unterschiedlichen grammatikalischen Strukturen, die Feinheiten und Besonderheiten einer Sprache, ihre Mehrdeutigkeiten und Auslassungen – all dieses kulturelle Wissen kann uns kein Computersystem der Welt je ersetzen. Eine andere Sprache zu lernen bedeutet schließlich schlicht und einfach auch, eine andere Kultur kennenzulernen und zu verstehen. Mehrsprachigkeit ist immer mehr als die bloße Beherrschung von Fremdsprachen.

Es entbehrt nicht einer gewissen Ironie, dass sich Fremdsprachen am besten und effektivsten nicht in teuren Privatschulen oder Eliteuniversitäten lernen lassen, sondern beim Militär und bei Geheimdiensten. Der israelische Geheimdienst hat angeblich die beste Sprachschule für Arabisch, in Damaskus wiederum, heißt es, lasse sich auf hohem Niveau Hebräisch lernen, und das Bundessprachenamt der Bundeswehr wirbt mit einer computerunterstützten Sprachausbildung, die deutlich mehr als *state of the art* ist. Zumindest viel besser, als die an der durchschnittlichen deutschen Universität oder Sprachenschule.

Wir leben in Deutschland in einer mehrsprachigen Gesellschaft, allerdings in einer, in der die Ressourcen sehr ungleich verteilt sind. Es müssten mehr Möglichkeiten geboten werden, allen Menschen verschiedene Sprachen zugänglich zu machen – den *heritage speakers* ebenso wie den interessierten Mitgliedern der Mehrheitsgesellschaft. Gute bilinguale oder sogar trilinguale Schulen dürfen kein Elitenprivileg mehr sein, ebenso wenig Sprachcamps oder ein Auslandsjahr. Bildung ist keine Ware, auch wenn sich mit ihr ein Vermögen umsetzen lässt. Zudem brauchen wir auf dem Gebiet der Mehrsprachendidaktik und der bilingualen Erziehung mehr Forschung und Austausch. Auch hier fehlt es an staatlichen Initiativen. Nicht alle Konzepte, die gerade an den öffentlichen und privaten Bildungseinrichtungen erprobt werden, sind gleich gut, es brauchte vor allem aber den politischen Willen, unsere mehrsprachige Realität endlich anzuerkennen und aktiv zu fördern.

Und das unabhängig von den Stimmen der besorgten Bürger bei der nächsten Wahl.

Ich finde es überhaupt nicht schlimm, wenn jemand, der mehrsprachig aufgewachsen ist oder seine Sprachen im Laufe seines Lebens erworben hat, nicht alle gleich gut beherrscht. Die Sprachen, die man später lernt, werden auch nur in den seltensten Fällen perfekt erlernt – manchmal reicht es lediglich, um sich ein Glas Wasser bestellen zu können. Sprache ist zuallererst Kommunikation, und das Wichtigste ist, dass diese stattfindet.

In der Bibel heißt es, dass die Menschen früher eine einzige gemeinsame Sprache hatten und alle am selben Ort wohnten. Doch die Menschen wollten so sein wie Gott und bauten einen Turm zu ihm hinauf. Gott wollte nicht, dass die Menschen ihm zu nahe kommen, und verwirrte ihre Sprache. Sigrid Nunez fügt dem in ihrem Roman *What are you going through* noch einen anderen Aspekt hinzu: Vielleicht hatte Gott noch einen anderen Plan, vielleicht gab er nicht nur den einzelnen Völkern unterschiedliche Sprachen, sondern jedem Menschen eine eigene Sprache – gleich einem eigenen Fingerabdruck. Doch er verschleierte dies, um die Menschen noch mehr zu verwirren. Während wir verstehen, dass es unterschiedliche Sprachen gibt, die von unterschiedlichen Menschengruppen gesprochen werden, bemerken wir nicht, dass jede*r von uns ohnehin eine ganz eigene Sprache besitzt.[88] Wir alle sprechen, doch die Bedeutung des Gesagten ist nicht immer klar. Manchmal verstehen wir unsere Mitmenschen nicht einmal dann, wenn wir dieselbe Sprache wie sie sprechen.

Mehrsprachigkeit ist folglich weder ein Privileg noch ein Problem. Die Kommunikation zwischen den Menschen, die Beherrschung einer Sprache, die Ausdrucksweise eines Menschen sind wiederum voller Probleme und Missverständnisse. Aber genau das ist auch die Grundlage der Literatur.

Anmerkungen

1 In diesem Buch verwende ich nach Möglichkeit geschlechtsumfassende Formulierungen und das Gendersternchen.

2 Ludwig Wittgenstein, *Logisch-philosophische Abhandlung, Tractatus logico-philosophicus*, Frankfurt am Main 2003, Satz 5.6.

3 Stefanie Kara/Stefan Schmitt, »Damit wir uns richtig verstehen«, *ZEIT ONLINE*, 26. Juni 2020, https://www.zeit.de/2020/27/ fremdsprachen-kommunika tion-effekte-hirntraining-ueber setzungsprogramme (dieser und alle folgenden Links zuletzt abgerufen am 30.11.2020).

4 Paul Munzinger, »Zweisprachig unterrichtete Kinder können besser rechnen«, *Süddeutsche Zeitung*, 25. April 2019, https://www. sueddeutsche.de/bildung/bilin gualer-unterricht-grundschu le-studie-1.4418711

5 Astrid Viciano, »Doping für das Gehirn«, *Süddeutsche Zeitung*, 6. Februar 2019, https:// www.sueddeutsche.de/wissen/ zweisprachige-erziehung- kinder-1.4319589

6 Kara/Schmitt, »Damit wir uns richtig verstehen«, a. a. O., und Maria Konnikova, »Is Bilingualism Really an Advantage?«, *The New Yorker*, 22. Januar 2015, https://www.newyorker.com/ science/maria-konnikova/ bilingual-advantage-aging- brain

7 https://heimatkunde.boell.de/ de/2012/11/18/superdiversitaet

8 Elias Canetti, *Die gerettete Zunge. Geschichte einer Jugend*, Frankfurt am Main 2014, S. 10.

9 Melisa Erkurt, *Generation Haram. Warum Schule lernen muss, allen eine Stimme zu geben*, Wien 2020, S. 38 f.

10 Brigitta Busch, *Mehrsprachigkeit*, Wien 2017, S. 160.

11 Jacques Derrida, *Die Einsprachigkeit des Anderen oder die ursprüngliche Prothese*, Paderborn 2003, S. 107–109.

12 Ebenda, S. 13.

13 https://www.chbeck.de/ loeffler-neue-weltliteratur/ product/12403092

14 https://glossar.neuemedien macher.de/glossar/kinder- nichtdeutscher-herkunfts sprache/

15 Sabine Rennefanz, »Corona: Ab wann sind Eltern systemrelevant?«, *Berliner Zeitung*, 1. Mai 2020, https://www.berliner-zeitung.de/lernen-arbeiten/notbetreuung-ja-oder-nein-eltern-werden-allein-gelassen-li.82510

16 https://www.tagesschau.de/inland/kinder-sprache-kita-101.html

17 Siehe Paul Thomas Bonfiglio, *Mother Tongues and Nations. The Invention of the Native Speaker*, Berlin/Boston 2010, S. 21.

18 Siehe Benedict Anderson, *Die Erfindung der Nation. Zur Karriere eines folgenreichen Konzepts*, Frankfurt am Main 1996, S. 77.

19 Ebenda, S. 77–89.

20 Siehe Yasemin Yildiz, *Beyond Mother Tongue. The Postmonolingual Condition*, New York 2013, S. 7.

21 Johann Gottfried Herder, *Briefe zur Beförderung der Humanität*, Fünfte Sammlung, 57. Brief, in: *Werke in zehn Bänden*, Bd. 7, hrsg. von Hans Dietrich Irmscher und Günter Arnold, Frankfurt am Main 1991, S. 304 f.

22 Yildiz, *Beyond Mother Tongue*, a. a. O., S. 69.

23 Richard Wagner, *Über das Judenthum in der Musik*, Leipzig 1869, S. 15.

24 https://www.sport1.de/fussball/dfb-team/2018/06/wm-2018-stefan-effenberg-oezil-und-guendogan-sind-ein-paeckchen

25 Derrida, *Die Einsprachigkeit des Anderen*, a. a. O., S. 101 f.

26 David Gramling, »Einsprachigkeit, Mehrsprachigkeit, Sprachigkeit«, in: Till Dembeck/Rolf Parr (Hrsg.), *Literatur und Mehrsprachigkeit. Ein Handbuch*, Tübingen 2017, S. 41.

27 Vgl. »Kultur statt Konjunktur – Kunst im Börsenteil der ›New York Times‹«, 11. Dezember 2002, https://www.faz.net/aktuell/feuilleton/kunstprojekt-kultur-statt-konjunktur-kunst-im-boersenteil-der-new-york-times-183645.html

28 Yildiz, *Beyond Mother Tongue*, a. a. O., S. 23–25.

29 Siehe Jan Blommaert/Jef Verschueren, »The Role of Language in European National Ideologies«, https://journals.linguisticsociety.org/elanguage/pragmatics/article/download/385/385-678-1-PB.pdf

30 »›Wir sind nicht Burka‹: Innenminister will deutsche Leitkul-

tur«, ZEIT ONLINE, 30. April 2017, https://www.zeit.de/politik/deutschland/2017-04/thomas-demaiziere-innenminister-leitkultur/seite-2

31 Mike Szymanski, »CSU fordert Deutsch-Pflicht für zu Hause«, *Süddeutsche Zeitung*, 8. Dezember 2014, https://www.sueddeutsche.de/bayern/zuwanderer-in-deutschland-csu-fordert-deutsch-pflicht-fuer-zu-hause-1.2254388

32 https://www.afd.de/grundsatzprogramm/#russisch

33 Zurzeit ist es das Niveau A1 des Gemeinsamen europäischen Referenzrahmens für Sprachen.

34 https://www.bmi.bund.de/DE/themen/verfassung/staatsangeoerigkeit/einbuergerung/einbuergerung-node.html

35 https://www.bmi.bund.de/SharedDocs/downloads/DE/publikationen/themen/migration/willkommen-in-deutschland_de.pdf?__blob=publicationFile (dort S. 10).

36 Beate Tenfelde, »Warum Jens Spahn Englisch sprechende Kellner auf den Zwirn gehen«, *Neue Osnabrücker Zeitung*, 12. August 2017, https://www.noz.de/deutschland-welt/politik/artikel/935642/warum-jens-spahn-englisch-sprechende-kellner-auf-den-zwirn-gehen

37 https://www.arbeitsagentur.de/datei/dok_ba013163.pdf

38 Kurban Said, *Das Mädchen vom Goldenen Horn*, Frankfurt am Main 2009, S. 49.

39 Zitiert nach Guy Deutscher, *Im Spiegel der Sprache. Warum die Welt in anderen Sprachen anders aussieht*, München 2020, S. 9.

40 https://www.vox.de/videos/stella-spricht-besser-englisch-als-ihre-mutter-5f3d0083f0e9dd16364e3cb3.html

41 Ansgar Nünning (Hrsg.), *Metzler Lexikon Literatur und Kulturtheorie. Ansätze – Personen – Grundbegriffe*, 3. Aufl., Stuttgart 2004, S. 243.

42 Siehe Brigitta Busch, *Mehrsprachigkeit*, a. a. O., S. 53.

43 »Prinz Charles hält Bundestagsrede auf Deutsch«, *Spiegel Online*, 15. November 2020, https://www.spiegel.de/politik/deutschland/prinz-charles-haelt-bundestagsrede-auf-deutsch-a-1953d480-02d1-47e1-a996-3f3e9c9e8ec4

44 Hildburg Bruns, »Berliner Schulleiterin über ihre ersten Klassen: Nur eins von 103 Kindern spricht

zu Hause deutsch«, *Bild de*, 20. November 2018, https://www.bild.de/regional/berlin/berlin-aktuell/berliner-rektorin-klagt-nur-1-von-103-kindern-spricht-zu-hause-deutsch-58543002.bild.html

45 Michael Bröcker/Kristina Dunz, »Linnemann: Kind ohne Deutschkenntnis kann noch nicht in die Grundschule«, *RP Online*, 6. August 2019, https://rp-online.de/politik/deutschland/integrationspolitik-carsten-linnemann-zu-deutsch kenntnissen-in-grundschulen_aid-44771807

46 Rüdiger Soldt, »Deutschpflicht«, *FAS*, 26. Juli 2020

47 »Holland's New Greetings for Immigrants«, *Spiegel*, 24. Januar 2006, https://www.spiegel.de/international/holland-s-new-greeting-for-immigrants-if-it-ain-t-dutch-it-ain-t-much-a-397021.html

48 »›Dutch-Only‹ Bid Stirs Angry Debate«, Deutsche Welle, 25. Januar 2006, https://www.dw.com/en/dutch-only-bid-stirs-angry-debate/a-1870753

49 Judith Butler, »Epilog«, in: Bettina Kleiner/Nadine Rose (Hrsg.), *(Re-)Produktion von Ungleichheiten im Schulalltag. Judith Butlers Konzept der Subjektivation in der erziehungswissenschaftlichen Forschung*, Opladen 2013, S. 182 f.

50 Siehe unter https://www.bis-school.com

51 Anna Klöpper, »Segregation an Berliner Schulen«, *tageszeitung*, 3. März 2018, https://taz.de/Segregation-an-Berliner-Schulen/!5484809/

52 Astrid Herbold/Louisa Reichstetter/Anna-Lena Scholz, »Mehr Luft für den Aufstieg«, *DIE ZEIT*, 24. Mail 2017, https://www.zeit.de/2017/22/soziale-herkunft-eltern-bildung-studium

53 Siehe Busch, *Mehrsprachigkeit*, a. a. O., S. 132 f.

54 Siehe auch Aladin El-Mafaalani, *Mythos Bildung. Die ungerechte Gesellschaft, ihr Bildungssystem und seine Zukunft*, Köln 2020, S. 48.

55 https://www.thesun.co.uk/news/5337027/two-year-old-princess-charlotte-can-already-speak-two-languages-after-her-first-week-of-school/

56 Butler, »Epilog«, a. a. O., S. 184.

57 Vgl. Jürgen M. Meisel, *Bilingual Children. A Guide for Parents*, Cambridge 2019.

58 Siehe Inci Dirim/Paul Mecheril, *Heterogenität, Sprache(n), Bildung*, Stuttgart 2018, S. 215.

59 https://www.destatis.de/DE/ Presse/Pressemitteilungen/ 2020/07/PD20_279_12511.html

60 Siehe Busch, *Mehrsprachigkeit*, a. a. O., S. 52.

61 El-Mafaalani, *Mythos Bildung*, a. a. O., S. 97.

62 Ebenda, S. 202.

63 Bonfiglio, *Mother Tongues and Nations*, a. a. O.

64 Siehe Dirim/Mecheril, *Heterogenität, Sprache(n), Bildung*, a. a. O., S. 217.

65 Mohamed Amjahid, »Arabisch? Klar, kann ich«, *ZEIT ONLINE*, 6. Juli 2020, https://www.zeit.de/ campus/2020-07/sprach kenntnisse-arabisch-bewerbung- job-muttersprachler

66 Dieses und das folgende Zitat stammen aus einem Gespräch, das extra für dieses Buch geführt wurde.

67 Dieses und das folgende Zitat stammen aus einem Gespräch, das extra für dieses Buch geführt wurde.

68 Alexandre Duchêne/Monica Heller, »Multilingualism and the new ecomoy«, in: Marilyn Martin-Jones/Adrian Blackledge/ Angela Creese (Hrsg.), *The Routledge Handbok of Multilingualism* 2015, S. 380.

69 Vladimir Nabokov, *Ada oder das Verlangen*, übersetzt von Uwe Friesel und Dieter E. Zimmer, Reinbek 2010, S. 329.

70 Ebenda, S. 351.

71 Sigrid Löffler, »Einstand Emine Sevgi Özdamar«, *Emma*, 1. Januar 2002, https://www. emma.de/artikel/emine- oedzdamar-einstand-emine- sevgi-oezdamar-264141

72 Miriam Davoudvandi, »Weil er unsere Sprache spricht«, *SPIEGEL*, 10. Juni 2020, https://www. spiegel.de/kultur/musik/ haftbefehl-als-vorbild-fuer- migranten-weil-er-unsere- sprache-spricht-a-d8f8a878- 7e61-4073-bca8-58784a49daf1

73 Heike Wiese, *Kiezdeutsch. Ein neuer Dialekt entsteht*, München 2012, Kapitel 2 (Kindle-Version)

74 Sheena Gardner in »Global English and bilingual education«, in Marilyn Martin-Jones/Adrian Blackledge/Angela Creese (Hrsg.), *The Routledge Handbook of Multilingualism*, a. a. O., S. 250.

75 Ebenda, S. 251.

76 Siehe David Gramling, *The invention of monolingualism*, New York u. a. 2016, S. 213.

77 Siehe Adam Huttner Koros, »The Hidden Bias of Science's Universal Language«, *The Atlantic*, 21. August 2015, https://www.theatlantic.com/science/archive/2015/08/english-universal-language-science-research/400919/

78 Michael D. Gordin, »Absolute English«, *Aeon*, 4. Februar 2015, https://aeon.co/essays/how-did-science-come-to-speak-only-english

79 https://www.boersenverein.de/markt-daten/marktforschung/wirtschaftszahlen/buchproduktion/

80 Yaseen Noorani, »Hard and Soft Monolingualism«, *Critical Multilingualism Studies* Vol. 1, No. 2 (2013), abrufbar unter https://www.academia.edu/23919537/HARD_AND_SOFT_MULTILINGUALISM

81 Michael D. Gordin, »Absolute English«, a. a. O.

82 Noam Cohen, »English, now the global language, drifts from its roots – Americas«, *New York Times*, 6. August 2006, https://www.nytimes.com/2006/08/06/world/americas/06iht-english.2397470.html

83 Ebenda.

84 Zitiert in Tobias Haberl, »Lost in Translation«, *Süddeutsche Zeitung Magazin* 27/2020, 2. Juli 2020, https://sz-magazin.sueddeutsche.de/wissen/deepl-uebersetzung-88930

85 José Ramón Biau Gil/Anthony Pym, »Technology and translation (a pedagocial overview)«, in Anthony Pym/ Alexander Perekrestenko/Bram Starink (Hrsg.), Translation Technology and its Teaching, Tarragona 2006, S. 5 ff., abrufbar unter http://www.intercultural.urv.cat/media/upload/domain_317/arxius/Technology/translationtechnology.pdf

86 Vgl. Haberl, »Lost in Translation«, a. a. O.

87 Biau Gil/Pym, »Technology and translation«, a. a. O.

88 Sigrid Nunez, *What are you going through*, New York 2020, S. 183.